创建欣赏式探询团队

48 个正向提问打造高效能团队

[美]黛安娜·惠特尼(Diana Whitney)
阿曼达·赛思顿-布伦(Amanda Trosten-Bloom)
杰伊·切尼(Jay Cherney)
罗恩·弗莱(Ron Fry)/ 著

徐佩贤 / 译   郝红蔚 / 校译

APPRECIATIVE
TEAM BUILDING:
POSTIVE QUESTIONS TO
BRING OUT THE
BEST OF YOUR TEAM

图书在版编目（CIP）数据

创建欣赏式探询团队：48个正向提问打造高效能团队 /（美）黛安娜·惠特尼(Diana Whitney, Ph.D.)等著；徐佩贤 译.—北京：华夏出版社有限公司，2020.6
书名原文：Appreciative Team Building: Positive Questions to Bring out the Best of Your Team
ISBN 978-7-5080-9891-3

Ⅰ.①创… Ⅱ.①黛… ②徐… Ⅲ.①团队管理 Ⅳ.①C936

中国版本图书馆 CIP 数据核字(2020)第 036640 号

Copyright © 2004 by Diana Whitney, Amanda Trosten-Bloom,
Jay Cherney and Ron Fry
Copyright licensed by the Authors,
Arranged with Elite People Consultancy Limited
Simplified Chinese copyright © 2020 by Huaxia Publishing House Co., Ltd.

版权所有 翻印必究
北京市版权局著作权合同登记号：图字 01-2018-8657 号

创建欣赏式探询团队：48 个正向提问打造高效能团队

作　　者	[美] 黛安娜·惠特尼等
译　　者	徐佩贤
责任编辑	马　颖
责任印制	刘　洋
出版发行	华夏出版社有限公司
经　　销	新华书店
印　　刷	三河市少明印务有限公司
装　　订	三河市少明印务有限公司
版　　次	2020 年 6 月北京第 1 版　2020 年 6 月北京第 1 次印刷
开　　本	670×970　1/16 开
印　　张	12.25
字　　数	198 千字
定　　价	68.00 元

华夏出版社有限公司 地址：北京市东直门外香河园北里 4 号 邮编：100028
网址：www.hxph.com.cn 电话：（010）64663331（转）
若发现本版图书有印装质量问题，请与我社营销中心联系调换。

目录

作者序   001
译者序   001
推荐序一   001
推荐序二   001

第一章 简 介   001

欣赏式探询的威力，在于能解放力量——让个人和组织释放他们的内在力量，带出人最优秀的一面同时鼓励别人看到这些优点并支持他人，发挥自己和他人最有优势的一面，并衍生出前所未有的合作和创新动力。

第二章 以正向提问为核心建立高效团队的十种方法   019

本书的提问能助你识别团队成员的强项、愿望和梦想。你发掘并列出了团队的强项概览，便可依照各团队成员的长处，分配给他们各自的角色和责任。

第三章 激发团队的最优秀面：四十八个关键正向提问   031

欣赏式探询的基本假设，是组织会朝着他们成员所发出的提问方向迈进；当提问越是肯定，组织便越有可能拥有美好愿景和正向回馈。

第四章 将正向提问融入团队发展：自我管理的欣赏式探询   115

在每个团队的生命中，都有一段有意义的反思时间。那时团队需要停止行动，成员应该回顾他们一直在做的事情，并决定他们作为一个团队应该如何前进。这是一个团队发展的机会，让队员共同考虑团队该如何运作、团队存在的意义以及如何更好地达到其目标。

第五章　如何建立访谈指引：创建私人定制的欣赏式访谈　141

本页的空白访谈指引是一个模板，用于为团队创建一个私人定制的、自我规划的欣赏式访谈。这些问题针对与团队需求最相关的特定领域。

第六章　愿　景　149

这本书是对行动的号召。这是一个邀请，邀请你通过正向提问的力量来改变你的团队。用正向提问培养你的团队可以对团队生活的各个方面产生积极的影响。

附　录　157

作者序
致全球中文读者的一封信

　　认识徐佩贤（Dorothy Tsui）是我们的荣幸。由相识到相知，我们深为她的德才兼备以及在各个地区发展"欣赏式探询"与"正向创变"的决心和热诚所感动。她现为正向创变企业（Corporation for Positive Change，CPC）的首席顾问、正向创变企业香港中心的创办人，更是欣赏式探询（Appreciative Inquiry，AI）培训导师与引导者（facilitator）当中的佼佼者。非常欣喜有如此卓越的实践者用心翻译我们的著作，祝愿她的天赋能使更多人被鼓舞和获得力量。

　　自20世纪80年代起，"欣赏式探询"已被广泛应用在文化、策略、项目开发、并购整合等不同领域，它涉及世界各地的企业、非政府组织、小区和政府。其流程引发了前所未有的协作和创造力，甚至在相互竞争的群组里也同样有效。《创建欣赏式探询团队：48个正向提问打造高效能团队》旨在塑造威力强大的提问和对话，用以提炼团队最优秀的一面，借此赋予团队领导和团队成员以力量，更有效地提升他们的满意度、能力和绩效。

我们深信"欣赏式探询"是一门艺术，也是一门科学；通过无限的创意和想象，它会生机无限。我们诚意邀请您先运用本书的提问和建议作为起点，当您准备展开"探询"之前，请先浏览本书，再选择能吸引您的"提问"做应用，或加以修改；更理想的方式是通过启发灵感，再度提升、优化并持续发展欣赏式探询技术。欢迎您加入"欣赏式探询"的大家庭，会合与日俱增的团队领导和实践者，释放"欣赏式探询"的威力。

黛安娜·惠特尼博士（Dr. Diana Whitney）

阿曼达·赛思顿－布伦（Amanda Trosten-Bloom）

杰伊·切尼（Jay Cherney）

罗恩·弗莱（Ron Fry）

2016 年 8 月

译者序

欣赏式探询团队——从正向提问到共创成功之路

徐佩贤

正向创变企业香港中心创办人

在这本书里，Appreciative Inquiry（AI）的中文翻译为"欣赏式探询"。

与许多 AI 的实践者相似，我当初也是从坊间不同的书籍和文章中来认识 AI 的，但在实践时，却发现理论与实践之间是有所差距的，做起来总是感到有所欠缺，未能得心应手。早年有幸拜于全球知名的、创立正向创变企业的 AI 大师黛安娜·惠特尼博士门下，其后跟她、阿曼达·赛思顿–布伦以及其他 CPC 的全球伙伴紧密合作，并先后创立正向创变企业的香港中心和亚洲区总部。AI 当中蕴含的智能改变了我的一生，除了成为我的核心业务外，也成了我生命的基石。

在台湾地区，AI 一直沿用"肯定式探询"的翻译，它本是我的首选；从我商管的背景来看，"肯定"两个字给人确定、务实、以成效为本的观感，但还原 AI 的根本，仔细回想 AI 的定义时，让我有了另一番想法。

Appreciative Inquiry 中 Appreciation 包含以下四重含义：

- 意识（recognize）到我们身边的人和世界的美好。
- 觉察（perceive）那些为运行中的人类系统（human systems）赋予生命、健康、活力和卓越的事物。
- 肯定（affirm）过去和现时的强项、成功、资产和潜能。
- 提升价值，具备投资升值（appreciate in value）的作用。

要表达 AI 的精髓，"肯定式"毫无疑问地能传达第一至第三重的意义，而未必可以直觉地表达最被人忽略，却对制造实际效果最有决定性影响的第四重意义。当人们"欣赏"某对象时，"欣赏"本身会强化该对象的价值，会相对提升对象的高增值潜力（就如古董，年代越久远、越多人欣赏、价值便越高），而且 AI 当中有些地

译者序

方运用了 affirm 和 affirmative 这些字眼,也可解释为"确定、肯定",所以最终选用了"欣赏式探询"。

回想我过去用中文演讲的场合,我会和台下听众打趣地说道:"如果 AI 在香港本地翻译的话,我可能会用'增值式探询',因为这绝对符合香港追求效率、自我增值的文化。"

本书的重点不在 AI 的整体理念和实际操作,而是运用 AI 中最具威力又不可或缺的部分——以欣赏式访谈(Appreciative Interview)为中心,以正向提问引发的探询(inquiry)为基础,进而达到第一至第四重"Appreciation"的目的。

全书就 8 个影响团队效能与团队发展的方面,设立了 48 个正向提问,让读者能自行制作适合的欣赏式访谈指引(Appreciative Interview Guide)。建议可阅读第一章和第二章,明白有关正向提问、欣赏式团队的沟通和合作理念后,再读后面的内容。当了解了如何运用本书后,就可以针对自己团体和组织的需要,再挑选适合的正向提问和建立更有针对性的团队流程。

本书第四章介绍的十种方法,操作简易,目的是让团队领导和成员，就算不具备引导或操作 AI 的经验，也能自行轻松运用，共建欣赏式探询团队。当面对富有挑战性的团队状况时，如组织正经历冲突或处于重要的过渡阶段，又或是希望为组织量身订制访谈和不同的活动时，您或许需要专业 AI 实践者的支持。

而对于 AI 实践者，本书更是必备的参考书：除了为您省下不少时间外，更会对设计访谈指引有所启发。若您有意了解和进一步钻研 AI，建议您参考本书中的参考书目，或是参加相关的实务操作课程。根据我历年的教学经验，我发现 AI 当中部分的精心设计与概念实在难以用中文诠释，例如访谈指引的提问设计——看来我是习惯用英语逻辑来思考的教授，所以个人体会来参加现场面授的工作坊，可能会更生动。

最后，我要感谢在生命中伴我同行的各位导师、客户和亲友；感谢多年来悉心启发与教导我的戴安娜与阿曼达，以及在 CPC 路上认识的 AI 伙伴。在你们身上，我不仅学习到如何操作 AI（Doing AI），更见证了活出 AI（Being AI）的不同体现方式。

译者序

《创建欣赏式探询团队：用 48 个正向提问打造高效能团队》一书问世后，我热切期待在社会上泛起正向涟漪，未来能与更多 AI 的实践者携手合作，在社会、组织、团体、家庭甚至个人方面，共创正向的未来！

推荐序一
用正向提问释放团队发展潜能

邓云晖博士

AICCP 国际认证领导教练学院院长，

兰盈国际管理有限公司董事长

我主要的工作是认证教练的培育与企业辅导，经常需要前往企业协助内部中高阶主管锻炼正向提问的能力，我发现，刚刚开始学习提问的领导人，最大的挑战除了不习惯提问之外，就是不知道如何才能实现正向提问，尤其是在面对团队问题的时候，无论是主管还是团队成员，都经常不知道该怎么问。

其实要实现正向提问，真正的关键在于——"提问者本身持有的心态与提问的方向是否正向"。

比如一般管理者提问的方向，主要集中在如何处理与解决某个事件或问题上；通常，提问的目的是找出问题症结所在、责任归属，或防止再度发生的可能。但是本书中所提供的正向提问的例句，无论是在提问的方向、目的上，还是用词上，都不太相同，明显集中在探索过往的成功经验、好奇是否有更多的可行性与机会或是在正面的发展假设上。这样的问题让人乐于进一步思考，提供更大的空间让人反思，同时也让人能聚焦在发展与优势上，不必担心回答问题会有后遗症，而这正是"欣赏式探询"（Appreciative Inquiry，AI）正向提问最直接的魅力与影响力所在。正向提问能够重新创造对话、拉近人与人之间的关系，毕竟人都是需要被肯定和欣赏的，当我们觉察自己被询问的是值得肯定与赞赏的事，不仅会觉得开心和得意，也会因此自信，更积极主动地投入环境与身边事物中。反之，如果我们担心会被指责和批评，自身的挫折感就会开始自我防卫、让我们开始害怕或拒绝投入、否定自己的能力与价值，最后我们就会尽量不展现自己、逃避承担责任。因此，企业的团队或领导人都应该考虑学习正向提问的技能。

从 2003 年第一次接触与学习"欣赏式探询"，到现在大量运用在教练与企业培训工作中，这本书的英文版本一直是我在课程中推荐的阅读书单之一。这次终于看到中文简体版的问世，我真的非常开心。一方面这象征着有更多人可以借此了解到"欣赏式探询"的价值,从而协助更多企业聚焦在真正值得发展的强项上;另一方面,有越多企业主管开始在团队与日常管理中运用 AI,就越能为企业与团队带来生命力与创意,刺激产生更多的发展机会与成长空间。

我认为这本书非常适合目前有整合团队需求的企业主管、团队引导师、教练和从事团队共创的专业人士们阅读。如果你正面对团队沟通与效能的问题、期待能找到一些好用的方法,如果你觉察到团队士气低落、试图找到一些具体可行的激励方式,如果你期待能改变目前的企业文化、打造一个更能引发主动参与的环境,那这极有可能会是一本立即可以参考应用的工具书。

当然,任何好的想法与做法,都必须搭配持之以恒的实践,才能真正看到结果,如同作者所言,这本书是一个大胆的邀请,是一个具体行动的呼吁。我也期待大家都能踏出实践的那一步,去探询团队的生命力,并邀请团队一起做出奔向下个旅程的决定。

推荐序二

欣赏式探询的转化——欣赏什么，就会看到什么！

吴静媛

Pivot 教练顾问有限公司暨 Lumina Learning

台湾地区代理共同创办人

企业组织面对快速变化的环境，常陷入疲于解决无休止的危机与问题的泥潭中。忙于纠错、挖掘原因及追究责任，导致士气低落、效率低下，想要创新或转型却又常感觉到对于变革与未知的无力及无奈。如何把焦点从"找问题"和"解决问题"，转换成"找机会"和"创造可能"？通过这本书所提供的 48 个欣赏式正向提问以及团队引导的步骤方法，将可植入企业欣赏式文化的 DNA，为企业组织注入更多活力！

当我在学习成为教练时，最初接触的就是"欣赏式探询"教练模型，当时让我印象最深刻的就是，它有别于过去将企业与个人视为一个"诊断对象"的（Problem Solving Principle）的探询方法。AI 将企业与个人对象视为一个奇迹与值得欣赏肯定的标的，鼓励企业与个人多做"已经做得最好的""能做到的"与"专注学习往更好的未来迈进"的事物。

这种建构正向肯定态度的探询提问，引导个人或团队发现（Discover）过去到现在最好的历程与经验，梦想（Dream）最好的可能性，设计（Design）可达成目标最佳的发展计划，用行动来实现理想中的命运（Destiny）。

企业要如何创建欣赏式探询型的高效能团队呢？这本结构化的工具书帮助企业领导人在组织中带领团队时，循序渐进地引领团队成员通过 AI 凝聚团队共识，让团队中的每个成员参与共创，从目标制定、计划、角色及责任的厘清、协作行动及追踪的共事原则，让每个成员成为自己的导航器，并一同为团队的成功庆贺及嘉许；而不是由上而下、依靠威权指导团队完成任务。引领我们看到的不是沉溺在过去已经发生的问题、令人沮丧的原因、行不通的方法、匮乏的资源、身处的劣势，而是去发现从现在到未来的机会与可能、寻找鼓舞士气的动机、创造行得通的方法、挖掘拥有的资源、具备的优势。

所有的工具和方法提供的是一个系统化的架构,但使用工具和方法的是"人",所以,关键不在于"形式",而是在于"本质",在于使用的人是基于什么动机与态度。通过持续不断地肯定团队做出的贡献、不断地练习彼此欣赏的能力,并将其内化成为组织的"欣赏"文化;团队成员从容易进入批判对立状态转变为能够"欣赏"及"同理"彼此。最终使大家成为高绩效团队或学习性的组织,这就是正向的力量。从现在开始,欣赏什么,就会看见什么!

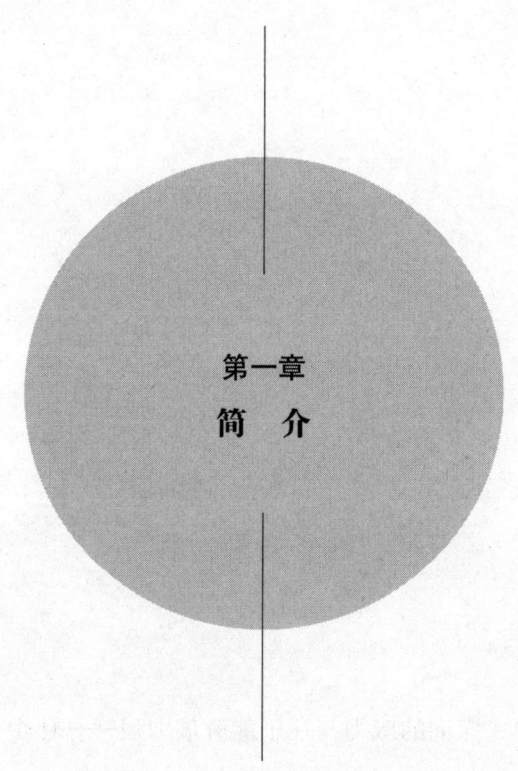

第一章
简 介

欣赏式探询的威力，在于能解放力量——让个人和组织释放他们的内在力量，带出人最优秀的一面同时鼓励别人看到这些优点并支持他人，发挥自己和他人最有优势的一面，并衍生出前所未有的合作和创新动力。

——黛安娜·惠特尼博士

阿曼达·赛思顿—布伦

第一章 简 介

团队和团队合作中蕴藏的奥妙与潜在能力是无所不在的。人类今日的每一项重要成就，几乎都是源于真正的团队合作（teamwork）；这是建立在彼此间的合作上，互相学习、共同发挥出正能量，才能集大成。不论你身在何处，团队合作都是我们生命与事业向前发展的首要工具。家庭、小区、体育队伍、工作小组、志愿组织、机动部队、调查小组、董事会、厂房、自发工作小组、个人成长小组——都必须借着团队和团队合作，才能让事情得以顺利进展。

"团队"的概念源于西方的工业革命，但自古以来，世界各地的原始部落已不时召集群众，为共同目的而迈进。他们会鼓励群体中本领各异的人展开互相合作与学习。在现代组织中，不论成员来自怎样的文化背景，团队都是其主要的结构综合依据或工具。它能展现在不同职能、不同利益相关者（stakeholder）之间，并点燃出共同意义、创新与协作（collaboration）。

放眼望去，各种环境的大小组织都以"团队为本"，为何还要针对这个主题另撰一书呢？各大实体与网络书店的商管类别书架上，已有各种以团队为主题的专书与指引，当中涵盖许多如何达致信任、凝聚力、真诚交流、共同目标等秘诀。即使书籍百花齐放，这类主题的新书出版仍是历年未减，这意味着市场仍有读者需求——针对团队的专书，协助特定团队在特定环境下，实现它们独有的价值。出版这本书的目的，并非告诉读者或团队该如何合作、该订立哪些目标或制定哪些角色。相反地，本书想传递给读者的是——让大家了解当团队能够大放异彩时，究竟是什么原因让它发生或促成的？这当中所蕴含的真理是：当行动起来时，持续的好奇心将赋予一个团队生命力，并滋养其增长和提高效能的能力。

这本书最特别之处在于，设计了一系列的"提问"，它能带动团队成员进行"对话"。这些"对话"能帮助团队成员发掘成功之钥，拓展未来的可能性。本书最重要的使命是——协助读者完成引导团队的"对话"，进而加

第一章 简 介

强团队间的凝聚力、合作力，分享共同的意义、创意与创造力。

提问的威力

熟悉欣赏式探询的读者①，早就认识到我们重视"提问"更甚于答案。针对如何有效促成团队合作这类主题，更要对提问保持特别的敏锐度。请看看下列这些常见的办公室对话。

- 当人们被问到："你是怎么看待你们的团队会

---

① 欣赏式探询是一种正向创变的哲学和方法学，起源于一个简单的假设：人类系统（human system）——不论是小区、组织、团队还是当中的个体，都会沿着它们惯于研究的、聚焦的和讨论的方向发展。它研究当人类系统处于最佳状态时，是什么"赋予了生命"（gives life），为系统带来能量和活力，造就最佳状态的发生。欣赏式探询并非假设任何个人或组织总是处于最佳状态，而是当焦点、学习和对话都集中在强项、成功模式和最佳状态时，会更容易让学习和改变发生。基于这个原因，欣赏式探询的过程涉及由"探询"（inquiry）所引发的大规模"对话"（dialogue），让人讨论他们个人和集体的强项、对未来的希望和梦想，以及合作行动的机会和计划。

资料来源：Whitney, D. and Trosten-Bloom, *The Power of Appreciative Inquiry: A Practical Guide to Positive Change* (2nd Edition), San Francisco: Berrett Koehler Publishers, 2010.

议的?"

- 我们可能会回答:"团队会议我们已经开过太多了。这些会议大都没什么条理性,反而干扰了需要完成'真正的'工作时的注意力。"
- 可是假如问:"改善团队合作,对我们的组织是否有帮助?"
- 几乎所有人都会异口同声,响亮地响应:"是。"

看来我们总是对团队所能达到的效果期望甚高,可是过往的经验展现的都是被错过以及未能实现的机会。这种落差遍及社会各个大小组织,给人们留下不好的印象,使大家在谈论过往那些团队经验时,态度并不乐观。

欣赏式探询是一套重视数据记录、倡导以强项为本(strength-based)的方法——转移对话与反思的方向,让团队建构出它们的最佳时刻,以及创造出具有衍生(generative)能力的故事。这些故事将作为往后的分析基础,以便让团队"发现"(Discover)成功背后所蕴藏的关键因素(core success factors)。带着这些发现,对话内容

第一章 简介

就能转移到下一步，通往"梦想"阶段（Dream），即进入未来的理想状态，然后再"设计"（Design）和实行各种方法，持续迈向理想的"命运"（Destiny）阶段。

这种正向的、协作的、创新的流程，源于"提问"，这些刻意的、有别于一般人提问的方式，极大程度地摆脱了大部分组织习惯性使用的工作模式。在惯性的工作模式下，通常是汇聚一群具有良好意图且精明的人组成团队，然后再抛给他们一些组织内的复杂议题让他们处理。一旦团队能共创出任何共识，都会被视为成功。遗憾的是他们往往把共识当成了共同目标，失去了组织本应该尝试实现突破性思维的机会，未能建立跨越职能界限的真正伙伴关系，也不能实现效率上质的飞跃。

当缺乏了那种非常谨慎式的关注后，团队便很容易陷入一种对话模式中：总在描述什么是他们不想要的。例如，耗损精力的会议、频发的冲突、由此滋生的防御心和彼此间进行的人身攻击、被缩短的议程以及糟糕的倾听方式，这一切会导致会议难以进展、团队成员互不信任。虽然事前谈论这些问题带有预防发生不好情况的提醒作用，但这不仅会在不知不觉中耗费掉团队的大量时间，而且会让整个团队只留意到团队合作可能带来的悲观的一面，而非联想到其积极的一面。

在某些协助团队有效发展的培训计划中，采用一种时下流行的模式，能够使参与者有心理准备甚至欢迎"激荡期"（storming）①，认为这是建立优质团队的必经阶段。那种认为要改良团队合作就必须参与某种特别形式的斗争或激辩的想法，正是许多人担心进入新团队或新项目的原因。语言本身经常会形成那种强大的甚至能完成自我实现的预言②。不仅如此，某些对团队动力学持严肃态度的研究人员和学生认为，那些会产生焦虑的以亏缺为本的理论，会引发自我效能实现和归属团队的渴望

---

① 美国心理学教授布鲁斯·塔克曼（Bruce Tuckman）于1965年提出团队发展的四个阶段，分别为"组建期、激荡期、规范期、执行期"（forming, storming, norming, performing），根据塔克曼及后来的一些模型，团队历经的发展阶段可以预测，并可通过正确的干预方法来加速。

资料来源：麦可·瓦金斯（Michael D. Watkins）：《领导半途接手的团队》（Leading the Team You Inherit），《哈佛商业评论》（Harvard Business Review）第119期（2016年7月），第68—77页。

② 自我应验预言（self-fulfilling prophecies）于1948年由美国社会学家罗伯特·默顿（Merton, Robert K.）提出，其研究结果证明，当事人的信念，会直接影响他的行为，最后让所信的事成真。这个论述日后在社会学、心理学、个人发展等多个范畴中被应用。

资料来源：Robert Merton, "The Self Fulfilling Prophecy",（Antioch Review），82（Summer）：195，doi：10.2307/4609267.1948.

第一章 简　介

之间发生冲突。这也预示着人们必须经历这种内心交战，而所谓的"双赢"往往并不存在。

我们和其他欣赏式探询的伙伴一致认为——"提问"对未来影响深远。"提问"比任何其他方法更能转变对话的方向，并设计流程走向另外的结果。本书罗列的"提问"能重塑对话的方式，改变团队发展的轨迹，让团队成员更热切地期待共创时刻，愿意通过交流和分享故事来进行互动，塑造过往与未来团队合作的正面积极形象。

为何要转变团队的对话

有许多团队在建立或改进流程时，会把重心放在如何让团队成员更快乐或更富生产力上。对他们而言，这是改善人际关系与合作方式的最佳例证。员工应该享受工作，享受与其他成员在一起——对！满意度与生产力的确是息息相关的。但我们要转变团队的"对话"方式是另有目的的。我们深信有一种能感受自身强项、获得肯定、富有创造力、能让人充满希望的"对话"方式，它能同时实现企业盈利和为团队成员自身增值的目的。

美国组织行为学、心理学领域的知名学者与顾问，曾在2004年一项颇具开拓性的研究里，对60个商业团队依其表现进行排列①。具体表现是，针对360份损益表、顾客满意度调查表，根据上司、同级和下属对这些团体的评价进行衡量。这份研究结果惹人争议。

团队互动中的"正向和负向比率（P：N）"与团队/组织绩效关系比较

团队分类 团队对话比例	表现优异	表现中等	表现欠佳
正向（Positivity）vs 负向（Negativity）/ （P：N）	5.8：1 明显偏向 正向	1.8：1 正向只稍微 高于负向	1：20 负向比例 很高

---

① 马尔西亚·洛萨达（Marcial Losada）和埃米莉·希菲（Emily Heaphy）均为美国组织行为学、心理学领域的知名学者与顾问，多年来在组织绩效方面做深入研究。两位学者在2004年发表的研究文章中提出，团队互动中的"正向和负向比率"（ratio of positivity to negativity[P/N]）与团队和组织绩效等范畴关系密切。此研究结果为日后"正向心理学"（Positive Psychology）研究所经常采用，以说明正向的团队互动和沟通的重要性。

资料来源：Losade, M. and Heaphy, E. "The Role of Positivity and Connectivity in Performance of Business Teams；A Nonlinear Dynamic Model", in *American Behavioral Scientist*, Vol.47, No.6, 2004, pp.740–765.

续表

团队分类 团队对话比例	表现优异	表现中等	表现欠佳
探询（Inquiry）vs 主张（Advocacy）/ （I∶A）	1∶1 为均等	2∶3 稍微倾向诉说个人主张	1∶3 倾向诉说个人主张
他人评价（Others）vs 自我评价 （Self Comments）/ （O∶S）	1∶1 为均等	2∶3 稍微倾向自我中心	1∶30 在互动里非常自我中心

此外，研究还证明了正向和负向比率（P∶N）对另外两个比率有重大影响。"探求团队内在（探询I）"也关注"外在环境（主张A）"的I∶A=1∶1健康比率，"探询他人（他人O）"也坚持"个人意见和立场（自我评价S）"的O∶S=1∶1健康比例；这两者的健康比率源于对话内容大幅偏向于强调正向多于强调负向（表现优异团队下的P∶N=5.8∶1所导致）。

表现优异团队的正向倾向创造了开阔的情感空间，揭示了更多可能的行动。其他团队的负面倾向则限制了情感空间，也抹杀了行动的可能性。这印证了芭芭拉·弗雷德里克森（Barbara Fredrickson）的研究①，展示了正向情感如何拓展思想行动的选项，从而建立持久的体能、智能、社交能力的资源。

因此，转变团队的日常互动，更促使正向多于负向，让团队达到更有效的平衡，既能同时专注于自身和外在环境，又能了解他人和坚持真诚的信念和主见。这种对话形式的转变，不仅贡献出可量化的成果，也能为组织增值。

本书所提供的各项无设定立场的"肯定式提问"（affirmative questions），能加速组织的转变，快速地帮助团队鼓足勇气做出正向决定；并且在重要的团队对话过程中，增进探询技巧以及学习对他人的关注。

---

① 芭芭拉·弗雷德里克森（Barbara Fredrickson）为美国知名的正向心理学家，北卡罗来纳州立大学（North Carolina State University）教授，多年来专注于正向情绪与爱的研究。其知名著作包括：《积极情绪的力量》(Positivity: Top-notch Research Reveals the 3 to 1 Ratio That Will Change Your Life)，中国人民大学出版社，芭芭拉·弗雷德里克森，简体中文译本；《爱的方法》(Love 2.0: How Our Supreme Emotion Affects Everything We Feel, Think, Do, and Become)，中信出版社，芭芭拉·弗雷德里克森，简体中文译本。

资料来源: Fredrickson, B. L. "What Good Are Positive Emotions?" in *Review of General Psychology*, Vol.2, No.3, 1998, pp. 300–319.

第一章 简介

影响团队效能与团队发展的因素

本书的提问,能够启发大家开启发现之旅,凸显团队成员在自身团队或其他团队里表现出的优势和最佳实践(best practices)。这些元素和想法,能为理想未来的愿景和想象提供基础,同时伴随着具体实践,最终推动团队实现理想。每个提问能够针对一些关键点,产生一些内容或数据——这些点已在经历各种情况后被证实为高效团队的特质。下列是影响团队效能与团队发展的八大方面的提问。

- **明确且一致的意图和目标**

  团队要实现哪些目标?为何成员间需要互相依存?哪些是通往成功的指路灯?团队合作对于每一个成员最有意义的点是什么?

- **明确且一致的角色和责任**

  每位团队成员担当的重要角色是什么?什么能协助团队成员实现他人对他的最高期望?我们可以怎么彼此协助,让大家的表现都超乎预期?

如何把角色冲突化解为学习和发展的契机?

■ 培养互相支持和赋权的关系

大家要怎么互动,才能确保所有人在每项工作里都有收获和成长?如何确保每个人都能感受到,自己是实现最终成果的过程中不可或缺且独特的一员?如何持续促进彼此的互相尊重和欣赏?

■ 设置清晰的步骤

团队成员如何沟通,才能确保每个人都掌握到所需信息,实现个人的最佳水准?会议如何进行,才能确保每个人都感到自己在经历的是达成共识过程中的必要和充满期待的环节?团队成员是如何做出重要决定,进而让每个人都始终如一地履行这个决定的?

■ 形成有孵化力和挑战性的领导力

正式的领袖是如何与下属建立紧密关系的?目的是什么?如何让组织上下共同担当领导的角色?人们如何运用权力和影响力来服务于组织和同僚?

第一章 简介

- **提升能量和精神**

  团队如何自我更新？平常会举行哪些仪式？团队成员如何庆祝和记录成功的里程碑？

- **增进产出和表现**

  团队成员与所服务的组织有何关联？团队"最首要"的贡献是什么？工作是怎么完成的？团队以哪些质量标准为目标，这些标准又是如何落实的？

- **建立系统的、目标明确且振奋人心的沟通**

  哪些对象会交谈？关于哪些内容？怎么交谈？有哪些系统和架构能促进个人与个人、个人与集体之间的沟通？

在《团队的智慧》（*The Wisdom of Teams*）一书中，作者展示了表现优异的团队如何自觉地定期停下来，去"探询"目标、角色、关系、程序，以免出现任何混乱或缺乏共识的状况。我们建议，进行这种定期、自觉性的探询时，应该同时触及能量和精神、生产力和表现以及沟通等范畴。尽管大家对这些提问的答案可能有异议，但对议题的欣赏、探询精神的本质却是不变的。本书的提问,目的在于引导你的团队重复探询这些重要的范畴。切记,就算只不过在一个月前刚刚制定和宣布目标,在当时已得到全体赞同,也不要先假定团队的目标清晰,并得到所有人认同。高效能团队会不时重新探讨这些议题,而低效能团队则会掉以轻心。

从最优秀的团队开始

团队起始阶段下的功夫越多,最终取得成功的概率就越大。不管团队成员是否认识其他新的成员,他们都会引用各自的昔日经验,来审视目前的状况。这些观念主导了他们早期的行动和反应。

欣赏式探询的伙伴乔维斯·布舍(Gervase Bushe)曾多次于团队成立初期采用欣赏式探询。他的"最佳团队介入"(Best Team Intervention)做法虽然简单,但十分见效。他会请新成员回忆他们在之前的团队里体验过的最佳团队经历或时刻,并讲述在当中发现了哪些对自己或其他事物有意义的地方。新团队成员各自分享自身的故事后,

第一章 简 介

便按他们最希望在新团队里看到的故事，筛选团队运作的关键实务或基本规范。最后，他们会制订具体计划，并承诺全心投入，以实现他们的理想。

相较于其他较传统的团队建立方式，这种做法更能促进团队效能、提升凝聚力。布舍形容这些早期的团队时光为"前身份"（pre-identity）阶段，在这个阶段特别适合采用欣赏式探询，并更有可能取得宝贵的成效。因为它能把对失败持有的潜在恐惧或忧虑，转化为对成功抱有信心和希望。

现在就起步

本书的提问、流程和建议都可以作为思考、尝试、实验的素材。你也可以自行修改内容，但无论如何都要实际试用，现在正是改变的最佳时刻，将团队的对话转化得更为正向，探寻出最适合团队的各种实务；重新探讨过往的团队经验，寻找出每个人都感到奇妙和宝贵的经验。回忆历程，并了解最能协助团队发挥潜能的事物，这样才能建立未来更优秀的团队。

在第二章，你将会读到如何运用十种不同的方法及其他正向提问方式来建立高效团队。

在第三章，我们会提供四十八个关键正向提问，分为八个主题，即明确且一致的目的或目标；明确且一致的角色和责任；培养互相支持和赋权的关系；设置清晰的步骤；形成有孵化力和挑战性的领导力；提升能量和精神；增进产出和表现；建立系统的、目标明确且振奋人心的沟通。

我们怀着谦卑的心，诚意送上第四章。这个部分旨在围绕建立团队的流程引导团队将欣赏式探询注入正向团队发展。这种引导可以视团队的需要由自我引导（采用第五章的访谈指引框架）或专人引导两种方式进行，其目的是通过自觉性讨论和研究可行的方法，来提升团队的能力。最后，第六章呼吁大家要一起展开行动，结尾的附录是一系列的相关著作，提供给喜爱这种欣赏式探询实务的读者们参考。

总而言之，你可逐步采纳本书所列的提问，在下一次的小组或团队会议里以无预设立场的正向提问作为起步，探讨自上次会议后发生的事。用心去聆听不同团队成员的故事，感受团队在会议议程中所呈现的不同于过往的态度，你将会惊叹于这个历程，并发现自此之后会议就会焕然一新。

第二章
以正向提问为核心建立高效团队的十种方法

有天赋能赢得赛事,但有合作才能赢得冠军。

——美国职业篮球巨星,迈克尔·乔丹

(Michael Jordan)

第二章 以正向提问为核心建立高效团队的十种方法

方法1 挑选团队成员

一些人天生善于团队合作，还有一些人是通过后天学习掌握了团队合作的技巧，懂得了应该如何合作、如何开放沟通渠道、如何共同承担责任和成果。这些拥有成为优秀合作伙伴的意愿和技术的人，是你希望引进队伍的类型。

发掘团队成员的最佳方法之一，就是运用正向提问。当在面试应征者时，你可以从书中挑选两三个提问来使用，当你问出这些问题的时候，仔细聆听答案：对方曾是成功团队的一分子吗？他能否描述团队的成功因素？他是否知道自己当时如何为团队成功做出贡献的，他可以再次做到吗？他的技能和强项是你的队伍成功的道路上所需要的吗？巧妙地运用正向提问，你便能得到所需的信息，为团队挑选出合适的成员。

方法 2　整合团队成员的强项

高业绩的团队能充分发挥团队成员的强项。他们会花时间了解每位成员的兴趣、技能、强项、愿望和梦想。他们会充分发挥并整合个人的强项，并使之配合团队的蓝图、宗旨和目标。

本书的提问能协助你识别团队成员的强项、愿望和梦想。一旦你发掘并列出了团队的强项概览（strength profile），便可依照各团队成员的长处，分配给他们各自的角色和责任。想要建立出团队强项概览，可从书中挑选几个提问（例如："探索你的各种制胜风格和个性"或"协同工作的优势"），并建立一份访谈指引（interview guide）。把团队分成两人一组，然后请他们互相访谈。访谈完成后举行团队会议，讨论各自都学到了些什么。最后将结果整理成一张列表，展示每名团队成员的技能、强项、愿望和学习的欲望。这就是专属你的团队强项概览，之后便可以此为依据，将团队成员的强项与团队的角色和责任匹配起来。

方法3 建立感情和信任

感情和信任都建立在团队成员对于彼此在个人及专业方面的了解上。特别是在团队发展的早期阶段,团队成员需要时间相互认识,才能从一开始就建立起信任和感情。在他们变得忙碌、感受到任务及其时限的压力、需要与其他人或团队合作时,这种基础建立尤其重要。

要为感情和信任建立基础,可从本书挑选一两个与信任、团队精神、工作乐趣或庆祝成就等方面相关的提问。抽出两到四个小时,以一个团队的身份回答这些提问,确保每个人都回答了每一个问题。当你聆听团队成员分享的故事时,请记下普遍的主题和独特的要点(highpoints)。这些方法会帮助你培养团队的信任和感情。

分享了这些提问的答案并讨论了当中浮现的共同主题后,你可抽调部分成员来专门负责每月举办有关团队精神的活动。他们的职责是按之前列出的共同主题发起一些活动——例如团队真心对话、团队比萨派对、团队赞美日等。通过讨论正向提问,你们便能创造出独一无二的、专属于你的团队的构思。

方法4 树立团队规范

任何团队在沟通、决策和追踪进度等方面都要树立规范，成功的团队会清楚明确地讨论和制定规范，他们会研究其他高效团队，从中借鉴并寻求进步。他们借用其他团队的最佳方法，以及个人的过往成功经验，来制定出适合他们实际情况的规范。

本书的提问能引导你对其他成功团队所采用的规范进行研究。请挑选三四个提问做访谈指引，找到一些成功的团队，并邀请你的团队成员和他们进行访谈。挑选的队伍可以是你们正在合作的团队或未来有机会合作的团队，也可以是其他的组织或其他产业的团队。比如说，假设你在商业领域工作，你或许会发现与体育队伍、广告队伍或戏剧队伍讨论他们成功的秘诀更加有趣。

访谈完成后，集合你的团队成员，分享当中的故事和学习心得。你们互相倾听之后，列出"成功团队的规范"（Norms for Team Success）。当所有人都分享了访谈中的发现后，请坦诚地讨论属于你们团队的规范，最后制定一套所有人都能同意遵守的规范（限十条）。

方法 5　庆祝团队的成就

无论作为个人还是团队，我们总是会遇到接踵而来的任务，很少停下脚步来庆祝团队的成就。一个高效团队在勤奋工作之余，会定期庆祝那些小胜利与重大胜利。正向提问也能协助你的团队进行表扬与庆祝，从而更清楚地意识到达到这些成就的因素。你能增强队员对你们的成就和达到成就的方式的自豪感，并激发他们对项目或工作的信心。

你可以在与同事非正式的对话中或者正式的会议上运用正向提问表扬和庆祝团队的成就。想营造非正式的庆祝氛围，你可以这样询问团队成员："在这个项目、活动或任务中，让你最引以为傲的是什么？"或者让团队成员讲讲他们最欣赏的队员及原因。通过这种方式，每个成员以及整个团队的成就皆会获得肯定。

你也可以运用正向提问正式地庆祝团队的成就。从书中挑选一个提问，请每位团队成员以此提问为依据，去讨论目前的项目或团队的整体工作，让每位团队成员轮流完成每个回答与提问。所有人都分享过后，列出一张团队成就的表格，并找出这是哪些人的贡献。在这个表里可另外穿插一些团队的故事和照片，并刊登在组织内部的交流平台——例如公司通讯、布告栏或公司内部网站上。如此一来，其他人也能借鉴你们团队的成功经验。

方法 6　明确顾客需求

　　表现优异的团队会与顾客建立关系，来发现并明确他们的愿望和需求。有些团队会与顾客维持长久的关系，用开放的态度与顾客交流，以完成不断变化的需求。还有一些团队会定期进行焦点小组、调查和顾客访谈，进入顾客的内心世界。不论你是采用哪一种数据搜集方法，正向提问都能带来正向帮助。

　　无论是在客服小组、一对一访谈，还是在设计顾客问卷时，你都可以运用正向提问。本书的许多提问都可协助你找出顾客需求。选择两三个问题提问你的顾客。你从这些提问中得到的信息能帮助你满足他们的愿望和梦想。切记，了解你的顾客是了解你团队存在的意义的秘诀。

方法7　在分歧中汇聚强项

表现优异的团队能在出现冲突时把冲突化为合作的推动力，来推动团队的发展。这种冲突包括不同的意见、方法、文化、思考方式和工作风格。通过在分歧中汇聚强项，他们就能善用资源并有效地迈向目标。他们不会在毫无成效的事物上浪费时间或精力，而会专注于发展个人和集体最有效的方面。

为了达到化分歧为合作的目的，团队成员必须发现和了解他们彼此之间的差异。要做到这一点，他们必须勇于开放心胸来了解是什么造成了他们之间的差异，了解这些差异能够为团队带来什么样的贡献。只有这样，他们的强项才能互相配合，和谐共处，致力于一个共同目的。这正是运用正向提问的最佳时刻。

运用正向提问来转化分歧的一个最佳方法，是请人们选一个他们认为与自己分歧最大的团队成员，然后运用三至四个正向提问来访谈这个队员。在访谈的过程中，要求他们记下相互之间的相同点与差异。访谈完成后，双方要共享笔记，并整理出一个列有双方异同点的表格。

然后再进一步针对这些异同，想象和讨论他们要怎么配合才会让工作最有成效。整个团队都可以参与这个流程，最后再整理列出所有团队成员的异同点，并制订让队员们最佳合作的计划。

方法 8　创立项目的愿景和目标

表现优异的团队拥有鼓舞人心的愿景和清晰的目标。这个愿景可能是关于特定项目、某项团队持续发展的工作小组，或某项活动、任务。不论愿景是什么，它的实现过程都必须包含队员和其他相关利益团体的共同参与。团队也必须为该愿景的最终实现制定清晰的小目标。

表现优异的团队会花时间弄清楚他们的愿景和目标。你可以通过一连串正向提问来做到这一点。在这些正向提问中，邀请团队成员想象组织或社群在未来某刻达到目标后的景象，展望他们取得的成果将这个世界变得更美好。挑选一两题使用（例如，"当你清晰聚焦目标"），并运用这些提问引导团队谈论未来的愿景。不妨大胆一点，收集更多关于未来的可能性的意见，实现这些可能性的新方法就会呼之欲出。

方法 9　建立团队认同感，提升自豪感

所有团队都有独特的个性或特点。有些是行动派，有些是思考型并讲求计划，有些在面对复杂的挑战时表现卓越，有些则在步伐平稳时表现最佳。他们各有千秋，没有谁比谁更优秀。他们有各自的起落，各有各的强项与弱项。重点是，团队成员都会对自己的团队引以为傲。这种自豪感源于他们有意识地建立了与他们的价值观相吻合的团队认同感。

要建立团队认同感，你和团队成员可以运用正向提问来探索你们在曾合作或观察的团队之中最有价值的东西，比如你们可能会认为他们的决策流程、领导力、沟通、工作方式以及与其他团队的融洽关系是最有价值的。这样一来，你便能创造一幅理想团队的图像，这将会让团队更团结和自豪。

方法 10　为团队会议注入活力

让会议有意义和具吸引力的方法之一，就是让所有团队成员都参与对话。当人们有机会参与并分享他们的想法、观念和感受时，他们会更乐意、更留心会议的议程，并且承诺付诸行动。采用正向提问是一种促进大家都参与的有效方法。它创造出一个学习和欣赏的氛围，并在团队成员之间培养出"勇往直前"（can do）的态度。

会议开始时，可以先运用正向提问，例如："在我们进入今天的议程之前，先请你们各自谈谈自上次会议后，我们为带来新生意都做了些什么？"以正向提问展开会议会让过程变得更富有乐趣、活力，并会把每个成员都包含进来。

正向提问也能把会议的情绪从绝望转化为希望。当对话恶化，团队成员一直说行不通的事、会议停滞不前的时候，不妨尝试使用一个正向提问，问问他们："面对这个情况，你最大的愿望或梦想是什么？你希望看到什么发生？如果你有一支魔术棒，你会针对这种情况做些什么？"正向提问能带领团队从僵局中抽离，转化到另一个全新和令人兴奋的方向。

# 第三章

激发团队的最优秀面：
四十八个关键正向提问

欣赏式探询的基本假设，是组织会朝着他们成员所发出的提问方向迈进；当提问越是肯定（affirmative），组织便越有可能拥有美好愿景和正向回馈。

黛安娜·惠特尼博士
阿曼达·赛思顿—布伦

第三章 激发团队的最优秀面:四十八个关键正向提问

本章包含四十八个关键正向提问,分成"团队效能"与"团队发展"八大方向:

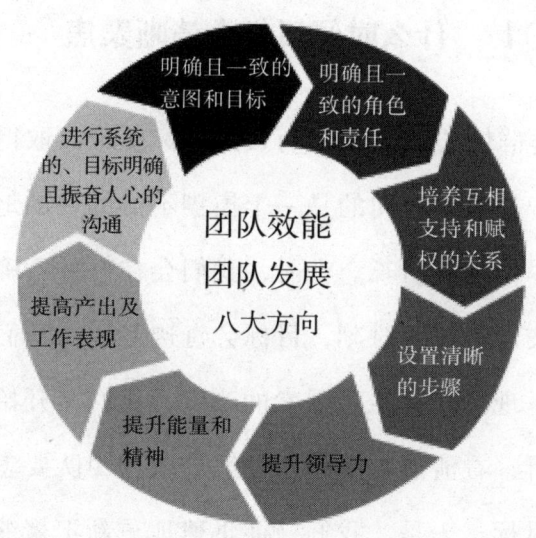

探询以上任何一个范畴都能加强团队的意识和效能,这对于改善团队表现尤其重要。定期探询不同范畴能为团队重新注入活力和生命力,提升自豪感、成就感,并提升持续正向创变的能力。

一、明确且一致的意图和目标

队员能够清晰理解团队目标并使整个团队目的完全一致，是高绩效的关键。运用以下四个提问，探索你们是如何达到这些标准的，以及现有团队可以怎么更紧密一致，目的和目标怎么变得更清晰。

提问 01　什么时候目标会清晰聚焦

人类群体若缺乏清晰动人的目标便难以取得最佳的表现。若是我们迈向的是一个模糊不清的目的地，我们会难以尽情发挥所长。有时，我们会在种种不确定性中感到迷失，但在某时刻，目标会奇迹般地在我们的焦点中清晰呈现。随着某些因素的改变，我们又开始重拾清晰的视野，看清前方的路，了解个人和团队要怎么做才能达到目标。于是，我们又能迅速地重新汇聚能量，团队成员之间又能够互相配合，继续向前迈进。

1. 回想过往你的团队中，从漫无目的转变成有目标并目的清晰的时刻。说一说这个"神奇"的时刻。

- 当时有哪些人参与？是如何参与的？
- 实际发生了什么事？回想这种转变前与转变后的时刻，这之中到底有哪些具体因素促成了这种转变？
- 事后看来，哪个人或是哪个时刻最为突出，是转变形成的关键？他/它是如何促成这一转变的？

2. 再过一周的时间，目前团队中出现某个曾让人混淆的目标，但现在已清晰聚焦，开始为团队重新注入新能量与热情。

- 这当中，有哪些事情得到化解了？
- 当时是怎么化解的？
- 具体来说，你在当中扮演了什么角色，让事情得以化解？

提问 02　挑战目标，成就非凡

任何团队都会经历顶峰与低谷，有时离目标还有一步之遥或不过是勉强实现，有时能取得真正超乎寻常的成绩。但这些卓越的成绩并非偶然，它部分源于人们愿意设定、达到并超越富于挑战性的目标。

1. 说一说这个团队在何时曾经达到极富挑战的目标，并在过程中取得非凡佳绩。它有可能发生在你是团队成员的期间，或是团队"口口相传"的经验。

   - 具体形容一下那是什么样的情况？
   - 目标由谁设定？是怎么设定的？
   - 原本的目标是如何促成上述情况的？
   - 团队成员对于这些成就有何感受？

2. 想象一下，就像是做了个奇特的梦，醒来后发现正是五年后的庆典。你的团队取得了超乎寻常的非凡成绩，那正是你殷切盼望的质量卓越的产品或服务。

   - 你们的团队做出了什么成就？是如何达到的？

第三章 激发团队的最优秀面：四十八个关键正向提问

- 这个卓越的成果是怎么提升你自己、你的组织以及你所服务对象的生活品质的？
- 五年前制定的原有目标，推动了团队取得今天值得庆祝的成果，当初的目标是什么？
- 谁参与了制定这个富于挑战性的目标？是如何制定的？

提问 03　为整体利益着想

首先，团队的本质是一群人齐聚一堂，共同合作，达到共同目标。所以，高效团队成员在某种程度上，会大公无私地把个人日程和欲望暂时搁下，共同为整体利益着想。

专注并效力于整体利益会给我们带来一种扩张感，一种超越自我、成为某个大事物的一部分的感觉。更进一步认识"我们"并欣赏成为"我们"的喜悦，与志同道合的人士共事，我们的力量也会得到提高。

1. 说一说你选择为了整体利益而把个人利益放在一边，并对此心怀感激的例子。

   ■ 团队或组织内部哪种互动方式鼓励你和其他人无私奉献？换言之，到底是什么鼓励和培养了大家采取这种以整体利益为主的行动？

   ■ 对于你个人而言，你的决定还带来哪些好处？

2. 在你目前效力的团队或组织的使命或目的中，哪一方面最能激励你与团队成员合作，并为整体利益努力？

   ■ 什么会进一步激发你更频繁地为整体服务？

第三章　激发团队的最优秀面：四十八个关键正向提问

提问 04　为社会服务

当团队能为社会服务时，团队成员会拥有无比的满足感和成就感。队员们已经不仅仅是纯粹追求金钱或克服个人困难，而是想奋力达到更高层次。与这比起来，日常的困难也就显得微不足道了。此时，团队成员不会那么在意个人的得失，而是通过关注服务和遗留问题，不断地得到团队的认可。这些队伍里的队员和队伍本身都团结。

1. 请描述一次你在为社会服务的团队中工作的经历。为社会服务的部分可能是团队整体任务的一部分，也可能是单个项目或计划，类似于一种"服务项目"。

- 当时是什么情况？是怎么发生的？当时有谁参与？
- 描述专注于更高层次的目的后，个别成员以及整体团队的表现得到的最正向的影响是什么？

2. 假如这是个短期项目，那么……

- 团队成员的态度、做法和彼此的关系，与"例行公事"有何不同？

- 这个项目对个人乃至团队整体表现带来什么长远影响？换言之，团队在这次服务中有哪些收获？

3. 想一想，如果团队从明天起开始为社会服务，是否可以想出三种可行方法？这可以是小型项目，也可以是策略性方向的重大调整。

二、明确且一致的角色和责任

逐步形成清晰的角色与责任，是卓越团队的另一项基本能力。接下来的六个提问能协助你的团队思考你们在这个方面的能力，并探索如何更清晰地找到互相配合的方法。支持这项能力最关键的因素是要关注到不同的工作方式。

提问 05　强项的增效作用

当团队处于最佳状态时，它们的表现就会超出预期，屡屡取得新的突破，团队成员也就会体验到自我超越感、卓越感和自豪感。这种具有开创性的增效作用（synergy effects）只有当团队成员之间充分肯定、欣赏彼此的强项与才华时才有可能出现。当团队成员全心全意投入共同目标的时候，他们可自由地贡献他们可以贡献的，并优雅地邀请其他人也这样做。

1. 描述过往曾出现的一个场合，那时你和其他人集合了各自的才能并改善了所有人的表现。
   - 你和其他人集合了什么才能？

- 是什么促使你能有效地和其他人的强项互相配合以达到相得益彰的效果？
- 在你、团队成员以及团队的整体环境当中，有哪些因素促进了这种增效作用？
- 这种团队合作能达到哪些各自发挥强项时不能达到的优异成效？

2. 这个经验让你对强项的增效作用了解到了什么？是什么促进了这种高质量的合作和表现？

3. 想一想你的团队现在面对的一项更复杂的挑战。

- 你个人如何运用上述的做法正向转化你的团队应对这个状况？
- 你如何鼓励你的团队成员更加善用彼此的强项和才能，来达到更好的增效作用？

提问 06　优雅地扩展团队

当新成员加入现有团队时，原来的秩序和平衡便会产生变化。融合新成员的流程可能具有破坏性，也可能是毫不费力的。如果完成得很棒，新旧成员将会迅速进入一种崭新的奇妙节奏，既能保持昔日优势，又能保持探索无限可能的好奇心。

1. 回想你扩展团队的一次最佳体验。是什么因素让每个人和团队作为一个整体诚挚地欢迎这位新成员？

   - 这位新成员有什么样的个人特质，让每个人都能优雅地接纳他／她？
   - 描述一些特定的时刻与行为，磨平这当中的任何棱角。

2. 假如你能许三个愿望来让你优雅地扩展团队，那会是什么？

提问 07　平衡内向型与外向型的技能

内向（introversion）的人喜欢私人的空间和时间，他们通过单独活动和静思来获得能量。相反，外向（extroversion）的人在与人直接交往时最为精力充沛。有些人在大部分时间都处于这两种极端的风格，另一些人则会根据他们短时间内的状态、近日的遭遇和外在环境条件而在内向与外向之间游走。

任何团队都会有需要内向与外向的时刻。面临的项目越复杂，团队就越需要有在不同风格之间转换的灵活性。

1. 回想一下，在这个团队的历史中，最优的性能需要在内向和外向行为之间取得平衡的时刻。它可能要求团队成员在内部自行平衡这些技能，或者有意识地平衡不同团队成员的技能，以达到圆满服务整体的目的。
   - 当时是什么样的情况？
   - 当时有哪些人参与？

   这个人或这些人的工作风格是如何促进团队成功的？

- 团队的气氛又是如何帮助大家取长补短的？

2. 目前的那个项目会得益于内向和外向之间慎重的平衡吗？具体来说，我们可以怎么做以达到这种平衡？

提问 08　善用直觉与实感的力量

卓越的团队在面临重大决策时,他们根据事实与直觉、历史经验与未来可能性来做出判断。有判断力(sensing)的团队成员通常是很实际的人,他们重视事实与经验,同时也能熟练而精准地观察事物的本质。相反,直觉(intuition)强的人关注并领会整体的感觉,他们往往会热衷于想象各种可能性。

这两种不同的信息收集方式有时会产生冲突,并在团队中制造矛盾和困惑。但是合为一体的话,这两种方式就具备了复合思考的能力,能够做出富于全局观的决策。卓越的团队学会善用直觉、实感的强项,确保团队成员就算没有清晰蓝图仍能勇于向前迈步,不惧混乱状况。在这同时,团队还能运用清晰的头脑,制定出精准又能付诸实施的策略。多善用和鼓励这些强项会引发一种明智的魔法,并推动团队寻求进步。

1. 回想一个时间,那时你的团队同时用直觉与实感处理一项棘手的任务,可能是分别使用,也可能是融合在一起使用。谈谈这是个什么样的故事。

■ 这个项目有哪些具体细节?项目在哪些方面是

各自对应这两种判断方式的？
- 你们采用了哪些架构和流程来具体发挥团队成员风格上的强项，或促进整体团队思维的改变？
- 为参与的个人以及整个团队带来什么效果？

2. 从这次经验里你学习到了什么，是可以应用到未来那些既需要稳当的判断，又需要广阔直觉的项目的？

提问 09　运用思考与感受的能力

团队成员做出决定的方法，对团队日后的进展会产生巨大影响。倾向"思考型"（thinking）的人，更喜欢客观、理智而遵守原则的决定。相对地，倾向"感受型"（feeling）的人，偏爱以人、感受、价值观和个人影响做出的决定。两种决策风格各有所长，都是团队的宝贵资产。

有时思考型的个人所具备的高要求和逻辑分析能引领团队达成有根有据、思虑缜密的策略。有时，主观并且富有热情的感受型会运用个人丰沛的情感赋予团队活力，让决策更为人性化。实际上，一个优质的决策需要理性与感性并存，需要善用人们客观与主观的能力才能做出。

1. 现在回想一下团队里不同成员做决定和面对经验的不同风格。回想一次体验，每位团队成员都发挥个人强项，同时加强了团队的整体优势。

   - 那个情况是怎样的？
   - 谁做了什么？为团队带来哪些效果？

2. 你曾经在什么时候看到过这两种风格配合得恰到好处？也许团队成员曾公开讨论某种风格的使用，或者方法之间的融合。

- 有哪些因素（团队成员或整体团队气氛）让两种方式能够共存，并互相配合？

3. 回想那一次成功的配合，你认为这两种决策风格特别适合哪一类型的决策或项目？

提问 10　最好地运用决策力与认知力

倾向"决策"（judging）的人重视结果，他们希望能做出决定来继续工作。成果的积累能让他们充满成就感，并且让他们迫不及待地想要去制定和达到目标。倾向"认知"（perceiving）的人更喜欢随机应变，并享受工作的过程。他们沉醉在寻找信息和更多的选择中，可能会不断拖延抉择。

这些分歧的状况虽然可能会造成误解，但实际上也会为团队带来最大的进展。卓越的团队，懂得学习如何最佳地运用决策力和认知力。

1. 描述在你的工作或人生里的一个时间，那时候你对于某事的个人倾向为你和他人带来了最美满的成果。

2. 描述在某一次，你因没有坚持个人倾向，反而促成了更好的成果。

3. 描述在某一次，你与风格相异的人成功合作了。
   - 你们之间的差异是怎么让彼此都得益的？

第三章　激发团队的最优秀面：四十八个关键正向提问

- 你是运用什么策略来善用这种差异的？
- 这个策略是怎么运作的？
- 当时，你还可以进一步做点什么来达到更正向的成果？

三、培养互相支持和赋权的关系

为团队成员的对话制定每个场合的"参与规则"会决定工作关系的质量。接下来的十个提问能帮助你清晰定义合作关系里的正向核心（positive core），并拓展这些元素，营造更正向的团队气氛。

提问 11　充满信任的环境

团队成员之间互相信任是任何团队合作的前提：相信他们能够互相依靠；相信所有团队成员都会积极投入，并做好分内工作；相信资源会公平分配；相信消息会通过坦诚的沟通传递给所有人。成功的团队会有意识地建立和维系充满信任的环境。这将成为一种存在的感觉，一种被接受的规范，一种团队所做一切的基础。

1. 回忆你曾加入的所有团队，给我讲讲哪个团队是以充满信任的环境为特点的。描述这个团队以及它所做的事。

- 这个充满信任的环境是如何建立的？

- 你是怎么知道团队有这种充满信任的环境的？

2. 充满信任的环境会带来什么样的好处？

- 对于团队成员而言？

- 对于他们正在进行的工作而言？

- 对于整个组织而言？

3. 从这个团队中，我们能够学习到什么来帮助目前团队建立起更具信任的环境？

提问 12　成为团队一员

处于最佳状态的团队往往是由一群既热衷又善于团队合作的成员构成的。成员可以尽情地展现各种团队技能，例如不忽略任何人、彼此互通消息、共同做出决定、共享责任、遵守对团队成员的承诺等。这些成员能够在为团队服务的同时实现个人的愿望。从本质上来说，他们的个人偏好就是合作和团队工作。

1. 你身边有没有你认为称得上优异的团队成员？说说他是如何展现个人能力的。

- 是什么促使他成为优异的团队成员？

2. 作为一个团队成员，你最欣赏自己的哪一方面？

- 给我讲一个你展现了个人最佳团队特质的经历。

3. 假如你的工作是负责指导营地的儿童成为团队成员①，你会指导他们怎么做？

---

① 在此提问中套用非团队工作环境的原因，是为了让被访者抽离现实的境况，以更广大的想象空间和崭新角度，思考出新的处理方法；而处境设定于儿童度假营和学校的巧妙之处，是让被访者融入要教育下一代的伟大使命，认真考虑面对不同对象时的灵活方法。这也是在欣赏式访谈的提问设计中常用的技巧，尤其是针对探讨比较有挑战性的题目。

提问 13　合作的勇气

合作并不一定容易，有时候合作还需要勇气。有些时候似乎你个人的需求、欲望都和合作伙伴相反；有些时候看上去没有足够的资源可分配给每一个人；有些时候看起来合作太费时间了，但你仍执意选择合作。这正是你展现合作的勇气的时刻，是展现你协调自己和他人的需求和欲望的时刻，是展现为整体利益服务的责任感的时刻。

1. 分享你曾经勇于选择了合作，最后结果非常完美的时刻。
   - 那是什么情况？
   - 为何这次合作需要勇气？
   - 结果如何？
2. 试想一个充满合作的世界。
   - 企业会变成什么样子？
   - 企业会做什么？
   - 企业的架构会是如何？
   - 企业领导会是什么样子？
3. 你合作的勇气在现在如何促进团队的成效？

提问 14　化分歧为合作

任何团队都会遇上分歧，那是不可避免的。团队成员越不同，团队任务便越复杂，可用的资源越紧张，这种对立面就越可能出现。有趣的是，表现优异的团队在面对不同的意见、方法和工作风格时，反而发展得更繁盛。从分歧到合作的转换会发挥出团队的潜能，最终达成目标和理想的结果。

1. 请给出一个你所经历的将反对转化为合作的团队的例子。
   - 那是什么情况？
   - 那时出现了什么分歧，那些分歧又是如何被反转的？
   - 有哪些人参与，他们展示了什么技巧促成了这种转化？
2. 试想某所学校把化分歧为合作列为课程的一

部分①。

- 学校会传授些什么？
- 向哪些人传授？

---

① 在此提问中套用非团队工作环境的原因，是为了让被访者抽离现实的境况，以更广大的想象空间和崭新角度，思考出新的处理方法；而处境设定于儿童度假营和学校的巧妙之处，是让被访者融入要教育下一代的伟大使命，认真考虑面对不同对象时的灵活方法。这也是在欣赏式访谈的提问设计中常用的技巧，尤其是针对探讨比较有挑战性的题目。

提问 15 和解和重建信任

当团队处于最佳状态时，团队成员都深信对方可靠，并会互相支持。但是冲突、分歧和误解将会干扰这种轻松和充满信任的环境。此时，和解扮演着重要的角色，和解能够重建信任和感情。如果和解做得出色，团队将会变得比以前更强大、更有能力。

1. 回想过去你经历过的一次通过和解让彼此重建了信任的事情。那可能发生在你目前的团队中，或是其他人生经验里。

- 当时有哪些人参与？
- 发生了哪些事？
- 你和其他相关人具体做了什么，处理了哪些需要关注的事，它之后又是如何促进你们关系的？
- 你从中学到了什么，关于你自己，关于对方，关于对信任的认知？

2. 试着描述现在的团队成员成功就困难和分歧达到和解、重建了信任的一件事。

- 谁做了些什么？

- 是怎么做的?
- 产生了什么效果?

3. 回想上述与其他过往经验,有助于达到和解和信任的核心因素是什么?在团队持续致力于达到和解和信任的过程中,你为团队贡献了哪些核心能力?

提问 16　对于团队来说低调却又激励人心的牺牲

有时候，团队成员最杰出的贡献，在团队中可能会显得不起眼。他们可能是担任辅助角色，也可能是刻意避开众人的眼光。他们不需要其他人的感谢和肯定，而是低调地甚至是难以察觉地投入为团队服务之中。在繁重的日常公务之间，这样的做事方式几乎让人难以察觉。但这种默默牺牲的故事，通过公开交流与分享，便能为团队和组织带来极大的鼓舞。

1. 描述一次无私的、几乎被忽略的，但为你的团队或组织带来重大而正向的贡献的牺牲。

   - 是哪些人做出了牺牲？
   - 是什么驱使他们做出牺牲？
   - 这为你和团队带来了什么成果？

2. 你的团队会如何注意到这些以及类似的牺牲，从而激励他人，并使自我牺牲成为团队的价值？

提问 17　由貌合神离转化成齐心协力

有时，压力或挑战会让团队成员走上对立的局面，但那些最好的团队总有办法促使想各走极端的团队成员再度同心协力。尽管意见相左，若是团队最终仍能克服困难，团结一致，团队成员的表现将能达到更高水平。齐心协力为团队成员所带来的内在奖励，更会使人感到满足。

1. 谈谈某一次你真的想与某人中止合作，但最终仍能齐心协力，达致真正的正向成果。对方可以是你的团队成员、家人或朋友。

- 是什么因素促使你尽管内心有着与对方决裂的念头，但最终还能与他齐心协力？
- 回想一下，你是怎么说服自己跨过这个障碍的？
- 哪些转变最积极、最具成效地驱使你的头脑倾向合作？驱动你采取了哪些更倾向合作的行动？
- 你曾经接受过哪些促使你们齐心协力的外界支持（如果有的话）？
- 最后成果如何？

2. 当你回想此事以及类似场合时，思考一下是什么因素促使希望中止合作的人重新结伴同行？

3. 对于在未来推进协作的人，你所给予最宝贵的一个建议是什么？

第三章 激发团队的最优秀面：四十八个关键正向提问

提问 18　了解对方

优秀的团队成员会在个人与专业层面来互相了解。当每个团队成员都了解彼此的兴趣、关注彼此的需求与价值观，表现就会更为出色。彼此认识到各自的家庭、嗜好、工作以外的兴趣，同时了解到双方的人际网络、技能和能贡献团队的强项，便会形成团队所需的联系，进而能善用个人的关注点、价值观和强项来充分合作。随着团队成员之间互相了解的加深，团队间的尊重、信任和情谊将会与日俱增。

1. 回想一下，你曾在哪一刻感到精力充沛、充满斗志？可以是工作或工作之外的事件。详细描述它，好让我们也能亲历其境。

2. 回想一下，你最喜欢与哪个人共事，例如曾是最喜爱的同僚，或可能是朋友。

- 你的哪些方面让对方欣赏，让他／她成为你生命中重要的人？

3. 你可以试着扮演那些最尊重和珍视你的人的角色，不论是同僚还是家人。大方地分享在他们眼中的你是怎样的人。

- 你最看重的事是什么？
- 你最喜爱的消遣和嗜好是什么？
- 你最突出的技能和能力是什么？
- 你的原动力来自哪里？

第三章 激发团队的最优秀面:四十八个关键正向提问

提问 19　既合作又竞争

顽强的竞争是美国精神的核心。这可以是团队中的一项重大资产,因为喜欢竞争的人能鼓舞他人登峰造极。当团队与外部竞争对手相互较量时,这种竞争氛围会更常见并更有生产力。

但当我们的对手是伙伴关系时,我们要如何合作下去?我们该如何创造一种合作型的竞争环境,既能刺激大家投入和专注目标,驱使我们超越设想的极限,又能在整个价值链里建立诚意,提升表现?在激烈的竞争中,我们都希望超越自己,驱使大家进步、共同制胜。但与此同时,我们也会协助那些尚未达到目标的团队成员,激发他们发挥最大的潜能。

1. 描述过往你曾体验或听闻的故事,可以曾是亦敌亦友、互为竞争与合作的关系。
    - 那是什么样的情况?
    - 具体来说,当团队成员在共同追求卓越的路上,他们是如何平衡竞争和合作的?

2. 若过去曾遇上团队成员既是顽强的竞争对手，也是互相扶持的好伙伴，请深入描述这件事。

- 他们是如何展现这些特质和行动的？
- 最后，他们的关系和工作项目发展成什么情况？

3. 现在，谈谈你目前的团队。

- 在工作的哪一方面，你会最受惠于合作与竞争的理想平衡（可以是团队内部，或团队与其他组织之间的关系）？
- 你有哪些做法可能促进这种转变，迈向既合作又竞争的关系？

提问 20　突破性合作

一旦团队成员的才华互相结合，他们的效率就可能会突飞猛进，这是很普遍的事情。这种突破性的合作通常并非事先计划好的，而可能是某些特殊甚至是神秘的事件所导致的，常常事出偶然。在这个过程中，参与者和团队都完成了自我超越，独立的个体会感觉与更重要和更具意义的群体合二为一，而不仅仅只是扮演好自己的角色。

1. 回想你的职业生涯，有哪一刻你正参与了这种突破性的合作。
   - 主动贡献的是哪些人？在你、同僚、目标与环境当中，有哪些元素为这次重大突破创造了条件？
   - 无意中做出了贡献的是哪些人？
2. 从这次和其他类似经验当中，可归纳出哪些能促成突破性合作的核心元素？
3. 当你的团队处于最佳状态，它曾经表现出什么来营造这种突破性的合作？
4. 团队能再做点什么，使这种突破性合作成为一种常规？

四、设置清晰的步骤

当团队有清晰的计划和决策模式,工作进展就会顺利。接下来的四个提问,将会探讨改善团队步骤设置的方式,让会议和项目的流程更为顺畅。

提问 21　卓越的跟进工作

"卓越的跟进工作"的意思是,我们会说明接下来的行动该怎么做,我们会尽全力兑现自己的承诺。

当每一位团队成员都做好跟进工作后,我们就能信赖互相的支持,迎接个人挑战和集体责任。当我们清楚接下来可能出现的情况时,就能完全发挥潜力。我们在信任的同时也被信任着,在欣赏的同时也被欣赏着。当我们的跟进工作做得十全十美时,我们的自豪感和成就感便会油然而生。

1. 描述一段你和团队尽管遇上障碍,却仍能把跟进工作做得异常出色的时间。在这种情况下,是什么促使了这种跟进工作的形成?
   - 当初你们是怎么做出承诺的?

- 你们一路上是怎么沟通的？
- 你和其他团队成员是如何做好自我管理的？
- 你需要哪些额外支持才能说明接下来的行动，并且言出必行？

2. 回想这次和你经历过的、见证过的或是耳闻过的其他事件，有哪些系统、结构和流程有助于促成杰出的跟进工作？

3. 现在，想一想你或团队所面临的一项挑战或障碍。在这个特定情况下，假如我们能做到同样优秀的跟进工作，你能想象到的最正向的成果会是什么？你个人乃至整个团队能如何善用关于杰出跟进工作的知识，来确保达到这个成果？

提问 22　广开言路的决策

广开言路的决策是最佳决策，因为这种决策包含了所有利益相关者和富有卓见的人的建议。决策者与团队成员们建立有效沟通，进行对话，来收集方方面面的声音，这些声音涵盖了队员的经验和主意、理智和感受、好奇心、质疑和关注点。

1. 描述过往你曾经历过的一次广开言路的决策，这个决策为你、其他人及任务本身都带来了最佳成果。那可能发生在你目前的团队，或其他领域。
   - 当时是什么情况，情况是如何发展的？
   - 当时有哪些人参与？是怎么做的？
   - 结果如何？

2. 具体来说，这种广开言路的决策，在哪些地方有别于其他，或优于你所见过或体验过的其他决策方式？

3. 假设你有这个权力，就在这个团队里让广开言路的决策成为常规。

第三章　激发团队的最优秀面：四十八个关键正向提问

- 你会多做哪些事情？
- 你会做出哪些改变？
- 要坚定迈向上述描述的方向，你可能会如何起步？

提问 23　能带来改变的会议

一场会议能够使人生与工作更充实，也可能浪费应该花在更重要的事上的时间。最好的会议能够改善我们的团队，能帮助我们以更有效率且更令人满足的方式做我们该做的事。

1. 描述你过往体验的，真正为你、你的团队和你正想完成的工作带来改变的会议。
   - 你个人、团队所面临的处境以及会议本身有哪些因素让这个会议变得如此关键？
   - 最后结果如何？
   - 具体来说，这个会议和后续的会议如何促成了正向的成果？

2. 描述一个你曾参与的、属于本团队的会议。这个会议原本能够带来改变，最后却功败垂成。假设重新再来一次，我们可以改变哪些做法，来让会议转变成你刚刚讲过的那种会议？

3. 从明天开始，你会做些什么来确保未来的会议能够为我们的团队和组织带来整体的改变？

提问 24　出类拔萃的项目规划

卓越成就的出现绝非偶然。这些成就往往是借助团队内外的出色表现及完美运转而实现的，并通常依赖于高质量的项目规划。出类拔萃的项目规划可以以正确的时机和方式将人员和资源聚集在一起，以达到卓越成果。

1. 描述你过往曾看过、听过或体验过的最出类拔萃的项目规划，这一规划大幅提升了团队或组织的表现与能力。

   - 那是什么情况或者任务？
   - 有哪些人参与规划？他们是如何参与的？
   - 资源是如何被分配的？
   - 任务是如何界定和配置的？
   - 假设规划的过程被写成了文件或项目计划书，请详细描述这份资料。
   - 以你现在的认知重新审视当时的规划流程，你认为这一流程如何能精益求精？

2. 以这个和其他规划流程为模板，详细描述你心目中"理想的"项目规划流程。

3. 假设这个理想的项目规划过程被应用到这个团队或组织中的一个更棘手和有挑战性的项目上，我们接下来需要做什么，或是额外需要做什么？

- 我们的行为表现会有什么不同？这能收到什么效果？
- 如果打算完全采用这一模范的项目规划，我们今天要迈出的第一步是什么？

五、提升领导力

有效的领导无疑是高绩效团队的基石。然而,领导风格千差万别,每个团队都必须找出最适合自己独特组合的领导风格。下面这些提问旨在帮助你探索最适合你的团队的领导类型。

提问 25　启发型的领导

领导能力可以决定一个团队的成败。当人们为了共同的目标走到一起时,他们需要被领导。这种领导力可以是个人的,可以是共享的,可以是有远见的或是有行动力的,可以是参与性的或是有魅力的。团队领导力可以采取多种形式,只要能激发出人们最好的一面就可行。鼓舞人心的领导力能号召人们追求更大的益处,能激励人们将他们的需求、欲望和力量结合到共同的目标上。这种领导力可以给人们一种希望,让他们相信他们正在做的事情是可以成功的,是确实值得的。

1. 谈谈过往你曾体验过的启发型领导,他可以来自工作团队,也可以来自小区里的义工经历。描述那是什么情况。

- 这位启发型的领导是个人还是团体?
- 他们做了哪些事情,让你受到启发?
- 哪些人或事件带出了你最好的一面?
- 具体情况是怎么发生的?

2. 这次经验对你日后作为领导有什么影响?这个启发型的领导力引导你做出哪些有意识的选择?

3. 在目前的团队中,你可能会做哪些事来展现启发型的领导风格?

第三章 激发团队的最优秀面：四十八个关键正向提问

提问 26　共享的领导权

领导力是一种引导，通过分享一个人的希望、梦想、抱负和技能来使其他人获益。我们每一个人都日复一日地分享着领导能力。我们通过投资于共同的未来，互相指导，为更大的利益贡献我们的天赋，来将我们的梦想变成现实。当我们正式或非正式地分享领导权时，每个人都会变得活跃起来，参与其中，并贡献自己的全部能力。高绩效团队和组织依靠共同的领导来提高创造力，提高组织能力和激励绩效。

1. 描述两三个你在这个特定的组织或团队中看到或经历过的共同领导的成功例子。这可能是正式分享领导权的时期，也可能是为了实现共同目标而有非正式的思想、主意和技能的交流的时期。

    - 那是什么环境？
    - 是谁与谁分享了领导权？如何分享的？
    - 领导权是如何由组织或团队的一个成员传递给另一人的？是什么造成了这个有效的"传球"？

- 共享领导权是如何改进最终的"结果"的？换言之，共同领导如何让组织或团队变得比原本"更好"？

2. 先放下谦逊，在组织里，你身为"领导"的最大强项是什么？

3. 这些强项如何提升身边的人？随着团队向未来迈进，你如何把这些强项进一步发挥？

提问 27　展现你最优秀方面的领导力

领导力能改变人们的生活和事业，可以为优异表现铺平道路，也可以抑制人们的天赋和能力。当领导发挥出我们的最佳能力时，就能以深远而积极的方式培养我们的长处，提高我们的能力，改变我们的命运。因此，领导力是模范个人和团队绩效的基石。

1. 描述你事业里的高峰或亮点，一段你真的感到能量充沛、全心全意投入并为你的表现感到自豪的时间。

   - 领导力在这次经验里扮演什么角色？
   - 具体来说，领导或领导力是如何释放你的潜能、帮助你实现你的最高使命的？

2. 描述目前团队处于绝佳状态的一个时刻。

   - 领导力在这个场合里扮演什么角色？
   - 具体来说，领导或领导力是如何释放团队的潜能，帮助这个队伍实现其最高使命的？

3. 回想这些和其他经验，有哪些核心的领导特质能够发挥你和团队最优秀的一面？

4. 你现在有三个愿望，当这三个愿望实现的时候，领导力将会发生非常积极的变化，让你和你的团队发挥出最好的一面。说说看，这三个愿望会是什么？

第三章 激发团队的最优秀面：四十八个关键正向提问

提问 28 触动人心的领导力

每个人都是独一无二的，每个领导者也是如此。一些领导者通过智慧来激发灵感，用清晰的、精心构思的计划和有洞察力的脑力来打造新的愿景和路径。另一些则通过牵动人们的心来增强关系的力量。他们有很好的调整他人感受和需求的能力，能联系并验证人们的经验和知识。牵动人心的领导力能建立起强大的同理心，建立起强大的信任和承诺纽带。当人们感到自己的存在被认可和支持时，他们就会自由而热情地超越自我。

1. 描述你心中特别善于"从心出发领导"的人。这个人可以是你的领导、与你共事过的人，也可以是你听说过的人。

- 这个人是谁？
- 他／她展现了哪些核心的领导行为？
- 描述一下这种领导风格对你的发展或对团队所选择的目标或任务的实现有特别帮助的时候。换句话说，这个人的领导风格如何影响人们的工作方式、提高人们的成就?

2. 当你的团队目前的领导处于最佳状态时,领导力是如何吸引你的心的?

3. 你的团队领导还可能做哪些事情,来吸引你和同僚的心?

六、提升能量和精神

团队合作的一个重要吸引力是团队所产生的具有感染力的能量和精神。成为这个远大于个人的能量流的一部分，是非常有益的。下一组提问深入探讨了创建和维持这种团队精神的元素。

提问 29　引起共鸣的庆祝

毫无疑问，庆祝成功的团队会取得更多的成功。最好的庆祝活动是那些能引起共鸣的。认可和庆祝能给团队成员额外的能量和信心，让他们在困难的时候继续前进。当团队成员感觉良好的时候，这种感觉就会在工作与生活中伴随着他们回到家里、与顾客见面、参与重要谈判或是其他事情，并给他们带来更美满的成果。

1. 回想过往在团队里曾经在你内心引起共鸣的庆祝。
   - 团队是如何庆祝的？
   - 庆祝活动有哪些因素在你内心引起共鸣？

2. 谈谈过往你被认可和嘉奖的一刻。

- 你的感受是什么样的?

- 这个经历如何影响你当日余下的时间?你与认可和嘉奖你的人之间的关系又变得如何?

3. 试着想象一个经常庆祝的团队。这个团队会庆祝哪些事情?是如何庆祝的?

第三章 激发团队的最优秀面：四十八个关键正向提问

提问 30　加强联系的共同经历带来的暗语（梗）

作为一个集体的一员，比如一个班级、一个家庭、一个夏令营、一个团队的一员，最大的乐趣之一就是创造和享受共同的经历。共同经历事件，讲述关于共同（但独特）的经历，都能建立起强大的相互理解的纽带。通常，这些共享的经验是通过情景或隐喻表达的，他们成了团队身份的一部分：一种只有团队成员才能共享和理解的秘密语言。这些情景可以用来拉近人们的距离，并帮助他们以一种私人并简略的方式进行交流。它们就像一个强大的纽带，在团队体验结束后还会持续很长时间。

1. 你所在团队的"秘密语言"是什么？当你们处于鼎盛时期的最佳状态时，如果要你们讲一个故事来介绍你们是做什么的和你们是如何运作的，你们会讲什么故事？

2. 当你的团队处于最佳状态时，你和其他人如何向"新人"介绍这种秘密语言呢？你如何分享你的历史，邀请他们成为未来的共同创造者？

3. 三年后，你希望你的团队与新人分享什么故事和景象？什么样的吸引人心的"秘密语言"能够反映你所能想象的最好的未来？

提问 31　强化纽带的笑话

幽默赋予人类系统活力，使人们体验快乐和欢笑，并在绝望中找到希望。笑话尤其可以把人们联系在一起，强化或者在某些情况下改造人们对现实的体验。例如，有趣的昵称加深了人们对个人特殊品质的欣赏。有关共同经历的有趣故事会让人们想起他们欢笑、热爱和完成事情的好时光。加强联系的笑话可以成为一种有意识的群体规范，使团队更有效率，也更有趣。

1. 告诉我一些能强化团队纽带的笑话。这些笑话是从哪来的？如何增进团队成员对彼此的认识，并提升团队表现？

2. 强化纽带的笑话或故事有哪些核心特质？

3. 你的团队如何在团队成员之间培养更亲切、振奋和鼓舞人心的幽默感？你的团队如何建立共同笑话，集体创造共同回忆，让团队变得更有力量或更有乐趣？

提问 32　庆祝我们的明星

我们中的许多人因胜利而感到兴奋，因为能比别人——常常是自己的同事——更早地冲到聚光灯下而激动不已。强大的个人优势意味着团队成员会周期性地领先于其他人。当团队找到方法来庆祝他们的明星成功时，这可以刺激整个团队的成功。每个人都真诚地认可和享受彼此的成功。每个人都承诺尽力帮助他人。

1. 什么样的表扬和庆祝会让你感到最受同事的欣赏？什么样的庆祝方式会让你想成为最好的自己，并与周围的人自由分享你的天赋？

2. 描述你团队中的两三个"明星"。这些人的独特技能和天赋是什么？在你的日常工作中，在你的客户眼中，他们的天赋是如何帮助你和团队的其他成员的？

3. 三年以后，当地的一家新闻杂志上刚刚把"拥有卓越的培养和发展人才的能力"描绘成你们的特色。这个故事的作者描述了这些年来在这个团队

第三章 激发团队的最优秀面:四十八个关键正向提问

中不仅"明星"的数量产出量高,而且在与整个团队保持紧密联系和支持的同时,完成了开创性的工作。以这位记者的视角,讲讲这个团队如何在成员中庆祝和培养个人"明星"的故事。

提问 33　释放自豪力量的赞美

自豪是对自己能力的喜悦，是看到自己的努力产生积极影响的喜悦。自豪提醒我们自己的能力和优势，鼓励我们系统地、战略性地使用自己的才能。

赞美是自豪的催化剂，可以时刻提醒我们正在被看到、被重视、被需要，从而激发无限力量。这种赞美增强了我们的信任感，巩固了我们之间的纽带。赞美能提升个人和集体的表现，给人们信心，并吸引他们走向一个积极的未来。

1. 请描述一次你给予或接受队友表扬的经历。
- 他／她说了什么？
- 他／她是如何传达的？
- 对被赞美的人的直接影响是什么？对赞美的给予者呢？
- 赞扬对工作进展有什么影响？
- 赞扬如何改变你们之间的关系？

2. 当你回顾自己、你的队友、你的团队这个整体的时候，你最自豪的是什么？你和你的队友所做的工作中最有价值或最重要的是什么？

3. 你和他人的生活如何被这项重要的工作改善？

提问 34　好奇心

好奇害死猫——这是真的吗？猫喜欢探索和冒险，还喜欢爬树，所以比别的动物看得更远！猫身体灵活，所以如果冒险让它们头朝下地降落，它们总会扭动身子，并最终四肢着地。

1. 请给我讲一个故事：在你的团队中，你的好奇心以及你队友的好奇心真的被激起，每个人都能接受新的想法。
2. 你个人需要什么才能激发你经常冒险和尝试？
3. 你认为你的团队需要什么来点燃和维持这种每天都充满好奇心的精神？

七、提高产出及工作表现

以下问题调查了整个团队生产力的一些基础元素，包括如何应对可能阻碍进展的挑战。

提问 35　自觉执行

执行是愿望和结果之间的环节，可以让每一个人自觉地每次都把事情按时做对、做好。在执行力很强的团队中，合适的人从事合适的工作，并因他们的贡献而得到奖励。成员超越了他们应做的工作，并更关心团队的成功，而不仅仅是关心哪些工作是属于他们的。他们是持续的学习者，会吸收他们需要的任何知识来持续提高表现。

1. 讲述一次经历，让你为能与他人一起严格执行工作流程而自豪。详细讲讲这件事。

- 什么让你感到骄傲？
- 还有谁参与其中？
- 具体来说，在这次合作中发生了什么，导致了如此严格的执行？

2. 假设明天，整个团队将相同级别的严格执行带到一个常规任务中，你会选择专注于哪个重复性的任务？

- 如何通过更严格的执行，使这份平凡工作的哪个方面变得非凡？
- 团队成员之间的关系与以往有何不同？
- 人们的工作和工作表现会发生怎样的变化？

提问 36　在玩中提高生产力

艺术家们知道玩耍和生产力是密不可分的。创造性的行为是"玩"的探索和重视结果的生产力之间的独特平衡。成功的团队也能够平衡趣味性和生产力。对乐趣、好奇心和学习的开放极大地促进了团队的活力和生产力。另一方面，注重结果有助于培养一种责任感和自豪感。有趣的生产力在团队成员中能提高士气，并导致目标的创新型实现。

1. 描述一段经历，在这个过程中，你或你的团队具备"玩"性质的生产力，并完成了一堆任务。给我讲讲具体情况，你们完成了什么？你们是如何享受做这件事的？

2. 如果让你默写带有"玩"性质的效率行为准则的话，你会写什么？

3. 你知道谁能给团队带来有"玩"性质的生产力吗？
   - 他们是做什么工作的？
   - 我们能从他们身上学到什么来活跃团队的精神并提高团队的业绩？

提问 37　化压力为动力

表现优异的团队的最佳风格是努力工作也努力娱乐。即使面临重大压力，他们仍能继续向前。事实上，他们能把压力，比如工作期限、复杂度、有限的资源和客户要求等，转化成动力和良好表现。他们能够在压力面前取得最佳表现，并让所有人受惠。顾客得到满意服务，组织达成目标，团队成员获得肯定与嘉许，也常常会得到具有挑战性的项目！

1. 谈谈有哪些状况会让你感到有压力，并讲讲你如何成功地把这种压力转化为优秀表现。
   - 那是什么情况？
   - 你做了哪些事情？
2. 当你这样做时感受如何？你为自己和他人带来了哪些好处？
3. 想象你的团队能把化压力为表现作为一种常规。
   - 有哪些压力存在？
   - 这些压力如何被转化为成功的结果？

提问 38　从挫折中迅速复原

无法预测和控制的逆境可能会让人灰心丧气，失去勇气，但也可能刺激和激发团队。即使在经历过一些困难或者挫折后，表现优异的团队也总是能迅速恢复力量与注意力，重新寻求各种有希望的可能性和引导有生产力行动的新方向。不管早一点还是晚一点，团队成员都有可能遇上挫败，但挫折激发了必要的学习，并让他们比以前更有能力进入未来。

1. 回想过往你的团队迅速从令人失望的挫败中复原的一段经历。

   - 当时有哪些人参与？
   - 发生了什么事？
   - 有哪些内在或外在因素帮助团队迅速复原？
   - 这次经验为团队带来哪些长久且积极的改变？

2. 你如何应用当中的学习心得？具体来说，为了带领自己和团队从最近一次的失望或挫败经历中复原，你做出的第一步是什么？

提问 39　以技取胜

精湛的技术可以拉近人与思想的距离，让整个团队能以十年前无法想象的深度和广度获取资源和信息。善用数字科技会让团队能力大幅提升，让他们更灵活、更迅速地响应顾客需求，更有弹性地面对许多逆境。表现优异的团队懂得如何善用这些能力来达到团队目标，能深切了解该如何用科技取胜。

1. 你认为你们团队目前应用的哪项技术最有价值？这项强大科技的成功运用在哪些方面优化了你的表现和日常生活？

2. 想象一下，让团队更有效能、更有创意地运用数字科技的三个愿望会是什么？

提问 40 事半功倍

在工作中我们都经历过轻松和困难的时刻，比如有时财务充裕，有时预算必须被削减。当面临资源短缺时，我们可能会惊讶于我们事半功倍的能力。我们会发现能让我们集中精力在真正重要的事情上的方法，并能持续保持卓越成果。

1. 讲一个你曾经看过、听过或亲身经历的创新方案，这个方案让组织达到事半功倍的效果。
   - 那是什么情况？
   - 那个转变是如何构思与落实的？
   - 成果如何？

2. 请描述一个让你引以为傲的时刻，当时你和其他人操作了某个系统、流程或变革，让你或组织达到了事半功倍的效果。这当中，你做出了哪些改变？如何做出这些改变的？有什么成效？
   - 你的态度、人际关系、跨部门支持、系统和架构等，有哪些促使你和同事达到了事半功倍的效果？

■ 要达成事半功倍的效果，你们需要进行哪些沟通和协调？

3. 在团队与组织中，有哪些机会可以达到事半功倍的效果？它在哪些方面能够节省资源（如时间或金钱等），并促进：

■ 这个团队与组织的财务表现？

■ 你所提供的服务质量？

■ 你的整体生活素质——包含工作以及工作以外？

提问 41　成功的惊喜

我们总会期待并努力获得成功，有时成功的回报会远超我们的期望和想象。这些意外的惊喜来自人力、才能、资源和时间恰到好处的配合。高效团队会经常体验到这种成功的惊喜，因为他们的合作方式深具创意，所达到的目标也就不同凡响。

1. 描述过往的一刻，你为成功感到惊喜——可以以你的工作、家庭或义工团体为例。

- 那是什么情况？
- 团队成员以及他们的合作方式中有什么因素，能促成这种意外惊喜？
- 成果如何？
- 参与其中的人感受如何？

2. 想象一年后，我们目前正努力投入的一项重要项目，出乎意料地大获成功。

- 相较于我们原有的期望，这项项目的成果要如何才会更卓越与振奋人心？

- 有哪些正向的条件因素相互配合,促成这个意外的惊喜?
- 团队成员做了哪些事情,创造或推动了这些正向的条件因素?
- 具体来说,你如何运用个人的技能、才华和影响力,促成了这个意外的惊喜?
- 从那个时刻回顾一下,这个成果给你的工作与人生带来了哪些最正向的改变?

提问 42　挖掘你的获胜风格和气质

我们每个人都有自己喜欢的解决问题的方法。带着这种个人风格工作或在我们的个人风格范围内工作会给我们带来轻松和舒适的感觉,也会更充分地发挥我们的长处。

团队经常在目标上达成一致,但在完成工作的方式上却经常存在分歧。每个团队成员的独特风格都提供了有助于集体绩效的特殊优势。短笛和低音提琴的声音和外观完全不同,但每一个独特的音调都丰富了整个管弦乐队的声音。同样,在日常的团队生活中,不同的风格轮番上台,在不断变化的节奏和组合中独舞或共舞,这种精心设计的混乱流是否顺畅是团队运转是否高效的一个保证。下面的问题旨在帮助你明白风格是如何对团队体验做出贡献的。随着对这些差异的认知和理解的加深,团队就可以创造出有自由风格且蓬勃发展,愿意相互配合并积极做贡献的团队成员。

1. 描述一个你的团队中风格差异特别明显，并且这种差异特别有用的时候。
   - 当时是什么情况？
   - 谁参与了？
   - 不同团队成员的独特风格如何促成积极的结果？
   - 您和团队其他成员是如何有意识地挖掘这些差异的价值的？

2. 回顾一下这个情况以及你曾经历过的类似情况，哪些核心因素有助于团队开发成员的风格和性格中最积极的方面？

提问 43 动力

当激情(让我们兴奋的东西)被点燃的时候,我们会变得更有活力,并获得力量,以付出一切代价的决心和承诺来超越现状。获胜的团队也同样被激情的动力驱使着带来更好的表现。

1. 描述一次你和你的团队一起工作时,当你的激情被点燃后,你从中立转变为积极,朝着目标前进的经历。

    - 当时是什么情况?
    - 谁参与了?
    - 这一运动背后的动力是什么?具体来说,你的队友,或者团队本身的工作,在帮助你前进的过程中扮演了什么角色?

2. 当你展望这支队伍的未来时,什么情景或可能性最让你兴奋?这种兴奋是如何驱使你为整体服务的呢?

八、进行系统的、目标明确 且振奋人心的沟通

毫不夸张地说,沟通是团队的命脉。只有通过有效的、有意义的交流,团队成员才能协调自己的优势,实现自己的目标。既然沟通是如此重要,我们可能会认为这是理所当然的。这组问题的目的是更仔细地研究沟通是如何发挥最佳效果的。

提问 44　充分利用情商

我们这个世界中,复杂的挑战需要技术和智力的结合,但也需要一些更重要的东西——"情商"。情商是自我意识、同理心、自控、清晰倾听和自信、自我表达能力的集合,现在被认为是职业成功的关键因素。

高绩效团队充满了高情商的人。团队成员一次又一次地将他们的能力发挥到极致,他们彼此合作,建立信任、协作的关系,这种关系甚至比最具挑战性的环境还要长久。

1. 回想一下在你的团队中一个高要求和高压力的时期，那时一个或多个人的非凡的情商让一个清晰的决定浮出水面，这帮助团队看到了一个伟大的新策略，或者让团队成员集中精力完成工作。

- 当时的情况如何？
- 你看到了哪种高情商的行为？具体说说你或其他人是如何从混乱中站起来的？
- 这对整个团队的效率有什么影响？
- 当你反思这一事件和其他类似事件时，是什么个人或群体因素导致了这种高情商行为的出现？

2. 一年后的今天，你的团队充满了高情商行为。这与一年之前相比发生了什么？

- 有什么不同？
- 一年前，你的团队采取了哪些初步措施，在成员之间播下了会创造更多高情商行为的种子？

提问 45　开诚布公的交流

团队是一个亲密的地方。与他人紧密合作，尤其是与那些致力于最高绩效的人合作，意味着将揭示我们是谁、我们知道什么、我们相信什么的基本细节。我们把自己的想法、价值观和激情与我们的队友们放在一起，当他们也这样做的时候，我们会温柔地拥抱他们。为了培养这种亲密感和高绩效，我们需要定期、公开、诚实地进行沟通。当信息自由流动时，我们可以汇聚力量，朝着共同的目标前进。

1. 请描述一个你为和另一个人在工作或生活中坦诚交流而感到特别自豪的时刻。
   - 什么使这个信息交换成为可能？
   - 具体地说，是你、其他人还是当时的情况为这件事的发生打开了大门？
2. 如果在这种交流中出现了某种明显的转变，比如从防备或片面的交流转向了开放和诚实的对话，那么是什么让这种转变成为可能呢？你、其他人或你周围的人做了什么促成了这样的转变?

3. 你和你的队友能同意哪三个小的改变,加起来可以提高团队内部的开放和诚实的交流水平?

提问 46　倾听以理解

被倾听和被真正理解是人类最强大的感觉之一。当人们真正倾听我们的时候，抛开他们的个人感受来深入理解我们的经历时，他们就加入了我们的世界。至少在那一刻，彼此的疏离感都消失了，我们奉献的意愿也增强了。我们和队友一起处在相互理解的氛围中，每个人都愿意提供独特的想法、见解和天赋。倾听和理解是可以提高团队绩效的。

1. 描述一个你真正倾听并理解他人的时刻。
   - 你表现出了哪些具体行为？
   - 你参与了什么样的内心对话？换句话说，你脑子里到底发生了什么，帮助你以这种全神贯注的精力和态度去倾听？
   - 结果如何？换句话说，别人是如何回应你的？
2. 现在，描述一个别人带着同样的意图听你说话的经历。

   这对你有什么影响？

第三章 激发团队的最优秀面:四十八个关键正向提问

- 这段经历如何改变或加强了你们之间的关系?
- 你们每个人具体做了什么来促进深入理解?

3. 如果你有三个愿望可以让人们在这个团队中倾听和真正理解的能力变得更强,那会是什么愿望?

提问 47　从分歧的深渊中获得共识

在重大决策面前，风险似乎比以往更高。每个人都想要付出，每个人都想有所作为。有了紧迫感，人们可以开始捍卫自己独特的观点，甚至会诋毁别人的观点。然而，有时会发生转变，人们会从争论转向共识和合作。人们会花时间倾听——以建设性的方式表达不同意见，并且发现共同的目标和观点。就像凤凰涅槃一样，共识从分歧的深渊中获得。每个人都为结果投入，并为其感到骄傲，每个人都与团队紧密相连。

1. 告诉我你在这个团队或其他地方，一个从分歧中获取共识的故事。

   - 当时是什么情况？
   - 你个人、团队的规范或行为，或特定的成员是如何扭转局面并引导团队达成共识的？你们是如何保证这种势头的？

2. 现在，考虑一下你的团队正在进行的一个有

第三章 激发团队的最优秀面:四十八个关键正向提问

争议的决定。

- 为了让你的团队达成一个可靠的、经过深思熟虑的共识,需要什么条件?
- 具体来说,你能做些什么来实现这一点?

提问 48　无缝的跨团队协作

跨团队协作是当今组织环境中的一个现实要求。任务的复杂性和职能的相互依赖性，使人们在整个组织中能够很好地相互合作变得至关重要。高效的团队使这种必要的协作看起来是没有间隙的。每个人的沟通都很顺畅和完整。每个人都能寻求并利用他人的知识和才能。这就好像团队突然扩大了——他们的边界突然扩大了，他们的能力也增加了。

1. 请描述一次你在现有团队或其他组织中体验到这种跨团队无缝协作的经历。

- 都有谁参与？
- 如何参与的？
- 是什么让这种合作变得重要或必要

2. 是什么制度、实践和个人优势让这种体验如此成功？

- 具体来说，你的团队成员做了什么来让关系更融洽和沟通更容易、更充分？
- 来自两个团队的人员是如何将所需的资源合为一体的？

第四章
将正向提问融入团队发展：
自我管理的欣赏式探询

聚在一起是一个开始。保持在一起就是过程。共同努力就是成功。

——亨利·福特

第四章　将正向提问融入团队发展：自我管理的欣赏式探询

在每个团队的生命中，都有一段有意义的反思时间。那时团队需要停止行动，成员应该回顾他们一直在做的事情，并决定他们作为一个团队应该如何前进。这是一个团队发展的机会，让队员共同考虑团队该如何运作、团队存在的意义以及如何更好地达到其目标。

当一个团队面临一个新的、令人兴奋的机会，并且希望在前进之前把所有事情都安排妥当时，团队的发展就会被提上日程。这个机会可能源于在一个重大成功后团队成员对"现在我们做什么""我们下一步将去哪"的疑问，也可能源于新成员的加入后理清角色和责任的需要，或者可能只是来自一种日益增长的"我们可以更好地合作"的感觉。

无论这个需求从何而来，团队发展都是一个自然的过程。在商业、服务、体育和艺术领域中，最高效的团队会花时间从他们所做的事情中学习，并专注于思考如何将这些事情做得更好。团队是关系的集合，并像所有的关系一样，如果通过有意识的询问和对话来培养，就会茁壮成长。

在这一章中，我们为积极的团队发展提供了一个大纲。这个过程旨在帮助你更好地应用这本书中的那些正向提问，并进行有价值的研究，来探讨你的团队的最佳表现、正向核心和对未来的展望。通过运用本书中的这些提问方式，你将在团队成员之间促成高效对话，让他们发挥自己的最佳水平，并邀请他们一起为一个积极的未来而努力。

何时使用此过程？

当发生以下情况时，接下来所概述的过程可能是有用的：

- 你的团队刚刚完成了一项重大计划，希望听取汇报并从中学习。
- 你们最近有新的成员加入了队伍。

第四章 将正向提问融入团队发展：自我管理的欣赏式探询

- 你们被分配了一项具有挑战性的新任务，必须组织好才能完成它。
- 你的团队正在经历冲突。
- 你的团队需要团结一致，以便与其他团队、部门或职能协同工作。
- 你的团队需要专注于客户，重新设计业务和运作方式。
- 你的团队一直努力工作了很长时间，需要一些时间来庆祝。

这个过程设计的目的是设计出自我管理的流程，尽管在某些情况下由一个协调人（即引导者）来领导可能会更好。但如果你的团队本身在一起工作得很好（比如，团队成员可以开诚布公地表达自己的想法，并能很舒服地接受彼此不带恶意的异议），那么就有可能进行这个自我管理的流程。假设团队中的每个人都同意自我实施，那么你将从询问及共享和反思最佳实践中体验到一种积极的更新感。

为了让团队有最积极的体验，我们建议你们每次见面时都为以下三个角色选择合适的人选：

1. 讨论委员——管理议程，保持讨论不离题，并确保每个人都能发言。

2. 计时员——跟踪时间，并帮助团队确保对话都在商定的时间段内进行。

3. 记录员——记录讨论的过程，记录关键决策、承诺和行动计划。

何时使用协调人

协调人是团队之外的人，同意通过一个或多个会议来指导团队。熟练的协调人确保团队成员在一起的时间对每个人来说都是相关的和有趣的，并且每个人都有同样的发言时间。

如果你的团队目前正处于冲突或重大转变的状态，我们建议你考虑请一位协调人带领你完成这一过程。一个熟练的协调人可以带领团队渡过"难关"，为团队的和谐和高绩效扫清障碍。

第四章 将正向提问融入团队发展：自我管理的欣赏式探询

积极的团队发展过程

这个自我管理的团队的积极探究过程包括以下十个步骤：

1．选择要提问的内容并根据团队情况进行调整。

2．决定谁将接受访谈，由谁来进行访谈。

3．进行欣赏式访谈。

4．在整个团队中共享数据和故事。

5．描绘团队的正向核心。

6．展望团队的未来。

7．明确团队的目标。

8．建立一套指导原则。

9．明确共同前进的角色、关系和责任。

10．一起庆祝。

在此过程中，步骤的设计旨在帮助团队在其发展中保持向前迈进。团队发展从成员相互了解开始。随着在专业上和对个人的相互了解，他们会建立和形成一种共同的归属感。团队成员的语言从"我"转换到"我们"，团队的能力将大于各个部分的能力之和。步骤1~5将在这个发展过程中成为团队的支持。

在创建了"我们"的概念之后，团队成员经常开始测试彼此对团队和队员的承诺。他们质疑为什么事情要以被完成的方式而完成。在这种情况下，团队需要有一个明确的目标，以及/或一套指导原则来完成工作。类似地，人们可能会试图澄清团队和利益相关者的角色、职责和关系。步骤 6~9 将帮助团队满足这些关键的发展需求。

当然，所有成功的团队都需要确保他们的内部对话，在积极和消极方面保持 5∶1 的比例。第 10 步将帮助你庆祝，并为持续的庆祝和持续的欣赏团队意识创造方法。

虽然这个过程中的每个步骤都很重要，但是你可能会发现，在团队生命中的某个特定时刻，有些步骤比其他步骤更重要。请随意调整这些步骤，以满足独特的团队需求。无论你做什么，一定要从欣赏式访谈开始，使用这本书中的这些提问，或你们作为一个团队拟出的类似问题也可以。但是务必记住，一定要从欣赏式访谈开始。

第一步：挑选提问，并按团队的情况加以调整

团队的运作犹如人类自成的体系，会向着团队成员的研究、提问、分析和讨论的方向迈进。因此，选择提问能够引导你的探询和团队发展流程，这是非常重要的第一步。

在提问时，要开始把焦点从对团队产生的问题上，转移至你希望团队能学习和发展的领域。例如：与其尝试化解团队冲突，不如挑选如何能更好地加强合作的提问；与其分析人手流失的原因，不如探索如何增加有利的因素，支持有意义的团队参与；与其尝试处理士气低落，不如选择提问去发现团队表现优异的根本原因。这些调整能够将难题转移至希望，为整体带来能量和兴奋感，从中建立团队的智慧和能力。细心选择你的提问，专注于那些你希望团队加强的素质。

我们提议让每位团队成员回顾本书的四十八个关键正向提问，选出心目中最理想的团队。请每个人分享自选的两题，解释为何他认为这些素质对团队发展是必需的。仔细倾听每位成员的发言后，留意是否有重复的提

问，借此缩窄选取范围。

有效的访谈只需要三至五题，请缩减团队所列的提问清单。给团队成员时间谈谈这些提问和当中的含义，说说为何认为某条提问会比另一提问更合适或有用。然后，再看看经过筛选后，还剩多少条提问。

最后，你或许要投票将清单收窄。由每位团队成员投三票，挑选他们心目中三个对团队未来最重要的题目。如有需要，重复这个流程，直到提问名单减少到三至五题，一旦总结出三至五题能引领团队正向发展的提问，请务必重新回顾这些提问，并根据团队目标与环境的独特需要加以改写。请翻阅本书第五章来使用这些提问，制订出你专属的访谈指引。

现在，仔细回顾你的访谈指引。确保你的提问在提问结构中是平衡的(比如，积极的过去经验、反思、定义的形成，以及对团队未来的希望和梦想)。你所收集的信息和故事将会描绘你的团队的正向核心，你们还可以基于过去的高点经验和对未来的希望和梦想，创建一个团队目标和一套指导原则。

第四章 将正向提问融入团队发展：自我管理的欣赏式探询

第二步：决定访谈者和访谈对象

选好要发出的提问后，你需要决定访谈对象。至少你也会想要探询所有的团队成员。同时，我们建议你可以让团队成员来访谈团队以外的人。定期与团队进行交互的外部利益相关者将对你的团队、团队的强项和发展提出宝贵意见。

为了确定需要访谈哪些利益相关者，可以画一张图，展示所有为你的团队工作提供价值或从中获得价值的人（例如，一个产品开发团队）的价值链。其价值链可能包括工程师、材料管理者、原材料供应商、客户、营销者、销售者以及高级管理人员。你们应该作为一个团队讨论你的价值链，并确定每个利益相关者群体中接受探询的代表。

在决定访谈对象之后，你们还应该决定由哪个人主持哪个访谈。欣赏式访谈是与跨职能部门和权威部门建立关系、达成共识的好机会，还可以作为一种交叉培训体验，帮助团队成员理解彼此每天面临的挑战。基于这些原因，我们建议让团队成员对与他们通常不一起工作的利益相关者进行访谈。

团队中的每个人都应该至少对另一个团队成员进行一次访谈。你们如果进行利益相关者的访谈，那也要确保所有团队成员都至少进行一次利益相关者的访谈。对于所有团队成员来说，为了在分享访谈数据和关键经验的过程中有平等的话语权，他们很有必要平等地分配访谈内容。

第三步：进行欣赏式访谈

现在已经有了访谈对象列表和谁将与谁进行访谈的计划，接下来就是正式进行访谈了。欣赏式访谈为发现、学习和关系的建立提供了一个极好的平台。人们喜欢回忆过去成功的故事，分享对未来的希望和梦想。当被正向提问（比如本书中的这些提问）时，人们会觉得分享对他们来说最重要的这些东西时是安全的。因此，无论是对访谈对象还是对访谈者自己来说，欣赏式访谈都是充满活力的。

欣赏式访谈持续时间的长短取决于问题的数量，平均时间在 45~60 分钟之间，另外还有 5~10 分钟的面试后总结时间。一定要留出足够的时间，这样访谈者和访谈对象都不会感到时间紧迫或因为时间问题而有压力。有效的欣赏式访谈不仅可以收集信息和数据，对于增长讲述故事和建立关系的经验来说同样重要。要达到这样的效果，需要一种以探究精神为主导的轻松氛围。

探究精神

欣赏式访谈最重要的品质是探究精神，一种向受访者倾听和学习的意愿。我们在俄亥俄州立大学(Ohio State University)的一个同事切特·鲍林(Chet Bowling)认为，最好的欣赏式访谈是在只有一个五岁孩子才能拥有的开放、乐趣性和时时刻刻充满活力的氛围中进行的。在进行欣赏式访谈时，可以让一个五岁孩子的好奇心成为你们的向导。

专注于故事

另一个需要记住的重点是专注于故事。作为访谈者，你的重点是为故事的出现创造一个安全的空间。通过认真倾听和换位思考，将能够挖掘出访谈对象最好的一面。

记住你是来倾听他们的故事的，不是讲你自己的故事的。作为一名访谈者，你的工作就是提问和倾听，提出一些具有探究性的后续问题，然后继续倾听。探究性的后续问题应针对故事的细节，比如：谁做了什么，什么时候做的，和谁一起做的，结果是什么。

记不记笔记？

记下你在面试中听到的关键故事、想法和可引用的话是很重要的。如果你在记笔记的同时可以认真听讲，那么就这么做。如果你觉得记笔记会干扰你，那就在访谈中记下关键词，而后再花点时间做笔记。

第四步：整个团队之间的数据和故事分享

完成所有的访谈后，你们可以聚在一起分享你们了解到的东西，这会让你们觉得在聆听过程中学到的东西格外有意义。这个过程包括互相讲述关键故事和分享你对这些故事的理解。

信息共享最起码要用两个小时来进行，最长可能需要4个小时。团队规模越大，进行的访谈越多，需要分

第四章 将正向提问融入团队发展：自我管理的欣赏式探询

享信息和创造新可能的时间就越长。

首先，让每个团队成员有机会分享他们收集的信息，这时候不需要进行交叉讨论。可以借助讨论委员、时间管理员和记录者来确保每个人都不跑题，并且有相对平等的分享时间。

可以让人们分享每个访谈时提问的那些问题的答案。如果使用这种方法的话，可以让记录员在其他人讲述故事的同时，在白板上记下要点。然后，在所有的信息被分享之后，可以作为一个小组讨论并确定三个领域的关键主题：①需要进一步的对话；②需要做出决定；③需要采取行动。

你可能会发现，让每一个访谈者对他们的数据进行有意识的综合，并向整个团队汇报以下要点会是一种更容易的方法：

- 他们在访谈中最惊讶的发现是什么？
- 他们所听到的团队最大优势是什么？
- 他们听到的最鼓舞人心、最扣人心弦的故事是什么？

- 他们听到的关于团队未来最大胆的愿景是什么？

无论使用什么方法，最重要的是确保所有的团队成员都有足够的时间来分享他们在访谈中学到的东西。

避免讨论行动方案和进行改变的具体想法，因为这样做会失去讲故事和关系建立的过程中一些更长远的好处。不如把每个人的想法都记录在白板上，留到以后再用。

第五步：描绘团队的正向核心

高效的团队都是基于自身优势的。这些团队往往清楚地了解自己的优势，并知道如何优化优势。为了让你的团队朝这个方向前进，也需要绘制出你们的正向核心（无论是用我们刚才描述的方式，还是你们选择的其他方法）。

首先回顾一下所分享的所有访谈信息。作为一个团队，列出团队的所有优势、资产、资源和潜力，不要过滤任何东西，而要尽可能全面地描述你团队的所有优点。

一旦列出了你们团队的所有积极属性，就可以用一个创造性的比喻来表现这个正向核心。例如，一个小公司的领导团队把他们的正向核心比作一头小象，这一形象传达了紧凑、活泼和敏捷的力量，这意味着团队能够比规模更大的竞争对手走得更快，并仍然拥有能提供可靠服务的资源和优势。另一个团队描绘了一个"正向核心"的图，并根据他们的优势、资源和资产的列表写下了他们成功的菜谱。

讨论和描绘团队的正向核心是提高团队效率的重要步骤。应该花时间倾听每个团队成员对团队优势的看法，并乐于花时间来肯定你们做得好的地方，而不是光谈论所有不顺利的事情。通过专注于正向核心，你们将建立默契和安全感，这能使你们在以后的日子里更容易地讨论挑战和不满。通过规划正向核心来建立一个欣赏性的基础，必然有助于促成团队或短期或长期的成功。

第六步：展望团队的未来

现在，已经探索并讨论了团队的最佳状态，并描绘了其正向核心，是时候将讨论转移到未来了。你可以通过回顾所收集的关于团队未来的数据，或者公开讨论你对团队最大的希望、梦想和愿望来讨论未来。这是一个大胆而富有创造力的时刻,是一个想象巨大可能性的时刻,是一个展望梦之队的时刻,也是倾听每个团队成员的个人希望、梦想和计划的重要时刻。通过分享个人梦想,你将开始明白每个成员如何更好地为团队服务和被团队服务。所以,再一次,请务必确保每个团队成员都有机会参与讨论。

最好的展望既是具体的、有形的,也是宏大的、勇敢的。思考一下你对团队内部以及与各种利益相关者之间的理想关系。考虑一下你希望如何分享信息,如何做决定,如何分配工作,如何确定领导和计划的性质,如何处理团队成员之间的资源分配和财务问题。

用正向核心作为这个展望的灵感。想象一下,一个拥有着你们在步骤三到步骤五中发现的所有最积极品质的团队。想象可以把正向核心进一步放大和扩展的方式,并寻找你还没有利用过的战略机会。

一旦认真地讨论和描绘了理想未来,你们可以以团队的形式有创意地把未来描绘一下。写一首诗或一首歌,画一幅图,表演"我们梦之队生命中的一天"。这似乎是一个愚蠢或不必要的活动，但我们相信你们会对结果感到非常惊讶。如果你们花时间让自己处于一个充满创造力的阶段，练习"处于你最渴望的未来"，那么这将极大地增强你的团队对未来的热情和付出程度。

第七步：明确团队的目标

在为团队创造了一个大胆而富有创意的未来形象之后，下一步就是把这个形象变成一个具体的目标宣言。如果只是在修改一个已经存在的目标，一个小时的时间就足够了。如果是第一次创建团队目标宣言，请至少留出两个小时甚至更长时间来。

一个好的目标宣言将告诉你、你的客户和你的内部利益相关者，你们团队存在的意义和／或你的团队的目标。这个目标宣言应该是简单明了的。

考虑下面的团队目标宣言的例子：

我们 A 团队以最先进的 IT 解决方案、通过快速的周转和友好的可访问服务来预测业务挑战，从而确保客户的成功。

我们 B 团队通过向所有利益相关者提供完全透明、完全可访问的报告，并通过与内部和外部客户合作，制定和实施慎重的、符合道德的和盈利的财务行动，来加强 B 团队在国际商界的领导地位，从而增强股东信心和财务实力。

当开始讨论一个团队的目标时，一定要回顾在访谈中收集的信息。这些信息表明你的团队最看重和最核心的东西是什么、你为客户和利益相关者博取了什么利益、团队成员希望一起完成哪些他们独自完成不了的事情。

在这段时间，起草你的目标宣告是一个好主意，但还不要最后定稿。相反，在创建团队指导原则时，让它慢慢酝酿和进化。你甚至可能会希望在最终确定之前从一些利益相关者那里得到意见。

第八步：为团队制定一套指导原则

高效团队是有意识的团队。队员需要一起思考并决定他们想要如何运作、如何对待彼此、如何做出决定。做出决定后，他们会对自己的言行负责。花时间讨论和

第四章　将正向提问融入团队发展：自我管理的欣赏式探询

确定指导原则是时间上的投资，从长远来看这种投资是有回报的。清晰的原则将促进团队成员之间的高效、协作和信任。

你们可能希望围绕下面一些领域制定原则：

- 沟通
- 领导力
- 会议管理
- 决策
- 乐趣与幸福
- 薪酬和经济奖励
- 招聘
- 赞誉
- 工作任务
- 成员资格和包容性
- 外部合作伙伴

原则越少越好。试着创造尽可能少的原则来指导你的团队真正达到和谐和高效。下面的团队原则是你们可以参考的例子：

- 团队信息对所有团队成员和利益相关者都是透明的。
- 当我们开心的时候，我们做当前的工作；当我们没有乐趣的时候，我们寻找并自愿完成其他任务。
- 团队内部的招聘、绩效考核和薪酬是由团队决策的。
- 我们都是首席赞赏官。

在访谈中收集的数据和故事是关于你的团队如何在最佳状态下运作的有价值的信息来源。再次回顾这些正向核心，找出最重要的三到五个指导原则，这些原则将把你的梦想变成现实，因为它们每天都在起效果。

第九步：明确每个队员在前进过程中的角色、关系和责任

也许确保对团队工作的承诺和热情的最好方法，就是利用志愿者精神和自我责任感。对角色、关系和责任的明确分工必须建立在目前众人已经发现、讨论和梦想过的大环境下进行。因此，团队成员应该花时间（首先作为个人，然后是作为团队整体）反思他们所了解到的信息，并思考这些信息对团队走向成功的贡献和重要程度。

让每个团队成员列出一个清单，上面列有他们将会多做的事情、少做的事情，或者不多也不少地作为团队一员促进团队成功的事情。把这些单子分别记录在不同的海报纸上，并把它们贴在墙上。

让每个团队成员在房间里四处走动，阅读每个人的承诺。提出疑问并讨论任何需要讨论的疑问，确保大家都理解这些承诺。讨论这些个人承诺对整个团队的影响。当团队走向未来时，队员希望多做、少做和保持现在频率的事情是什么？

将所有的个人和集体的承诺列成一个主表，并分发

给每个团队成员供以后参考。

在这种集体选择之后，某个团队成员也有可能需要与他人进行一对一的讨论，以澄清角色和责任。如果是这样的话，在一对一的讨论之后再另外安排一个时间，让整个团队回到一起，分享这些谈话的结果。

第十步：一起庆祝

正如我们在引言中所讨论的，高绩效团队与不那么成功的团队谈论自我的方式是不同的。研究发现，高绩效团队的正面谈话与负面谈话的比例为5∶1。

为了保持团队成员之间积极的交流，应该定期组织团队庆祝活动。团队庆祝活动可以是利用每周员工会议开始时的五分钟谈论过去一周的最佳表现，可以是谈论季度绩效回顾，可以是展示客户赞美的公告栏，也可以是颁发年度最具价值团队成员奖。

在团队发展过程的这个阶段，需要做两件事：

第一，讨论并计划定期的团队庆祝活动。决定什么样的庆祝活动、在什么时候举行以及由谁来策划。

第二，花点时间相互认可，并分享积极的团队开发过程中的亮点。给每个队员和整个团队一个大大的鼓励。对团队成员给予赞赏会增强你的团队精神，也会帮助你练习和发展给予积极反馈的能力。

通过欣赏式访谈来保持团队的高绩效

团队发展是一个自然且持续的过程。对于大多数团队来说，变化比常规更常见。对于高绩效的团队来说，这些改变是内化利益相关者，并探索他们对团队的欣赏或需要的机会。这是一个将团队活动集中在团队成员最看重并希望成功的事情上的机会。这是在团队内部和利益相关者之间更新和建立关系的时候。对于高绩效团队来说，变化是学习和发展的代名词。

因此，高绩效团队会将成员学习和有意识的发展作为团队要考虑的首位。他们不断探究是什么在团队处于最佳状态时赋予团队生命，并以此来保持活力和高绩效。我们甚至可以说："每周一个有价值的问题可以帮助团队保持最佳状态。"

记住五个字：欣赏式访谈。通过有意识地专注于彼此和环境中的最佳状态,你们可以成为一个欣赏式团队。赞美是高性能的燃料。要成为一个善于提问的团队,你们需要定期提出刺激性的问题,参与刺激性的讨论,并相信在这个过程中会呈现清晰正确的关系和正确的行动。

第五章
如何建立访谈指引：
创建私人定制的欣赏式访谈

第五章 如何建立访谈指引：创建私人定制的欣赏式访谈

本页的空白访谈指引是一个模板，用于为团队创建一个私人定制的、自我规划的欣赏式访谈（如第三章所述）。最初的团队探询指引介绍了访谈过程，并开始调查队友的最佳团队经验，从这里起步，然后进入主题问题，这些问题针对与团队需求最相关的特定领域。我们还提供了一份访谈总结表，帮助你抓住每次访谈中那些印象最深的想法和主题。

访谈指引
访谈者姓名：
被访谈者姓名：
日期：

简 介

感谢您同意在这次团队调查中分享您的宝贵时间。在我们开始之前,我想更多地解释一下我们希望完成的目标以及这个过程的进行方式。

我们想让我们的队伍成为最好的。当人们开始发掘自己最大的潜能时,他们通常会专注于发现和解决问题,因为这样他们就能解决那些不奏效的问题。但是,我们想彻底改变这种策略,我们想从我们的成功中学习;我们希望明确我们团队的最大优势,并系统地扩展我们的正向核心;我们想要挖掘团队中已经存在的所有见解和经验,并进一步应用它们来使我们变得更好。

拟定出的这一系列提问是为了帮助我们专注于我们的巅峰经验的,在这期间我们独自或与其他团队取得了巨大成功。保持这种积极的见解并不总是容易的,因为我们大多数人都受过"从错误中学习"的教育。然而,我们其实可能会从我们的胜利中学到更多。让自己沉浸在对成就的回忆中会激起我们的自豪感,增强我们的活力。我们会变得更加开放,更渴望建立我们最有效的工作方式。

第五章 如何建立访谈指引：创建私人定制的欣赏式访谈

当我们探索这些问题时，让我们有意识地关注最有效的部分，并发现如何使我们最好的一面成为一个更稳定的现实。

请问进行到这里，您还有其他问题吗？

开场：

告诉我，您最初加入"这个团队"的情况。
- 当初您考虑加入这个团队时，抱着哪些希望、梦想和期盼？

现在，请描述一下您在这个团队中最活跃、最投入，最为自己、同事和工作感到自豪的时刻。
- 促成这种经历的所有条件和环境是什么（例如，您、其他人，任务、领导或是过程）？
- 您的优秀品质是如何激发他人最好的一面的？这些品质又是如何激励您做到最好的？

回想一下这种高峰体验和其他类似的体验，您最看重自己和您为这个团队带来的独特技能、天赋和才能，以及您所做的工作中的哪些方面？

- 对于这个团队以及它在组织和世界上的更大使命，您最看重什么？

主题问题：

输入 3~5 个您的团队已经同意探究的问题（主题、跟进和子问题）。

结束：

一年以后，您进入了一个神奇的梦乡，突然之间，您曾经对您团队所希望或梦想的一切都奇迹般地成真了。您可以毫无保留地说，这是您梦想中的团队。

- 描述一下这个团队。描述一下它的目的、领导力、关系、沟通和过程。总而言之，描述一下工作是如何完成的，并描述一下在这个过程中您有什么感觉。

您在做什么新的或不同的事情？在您梦想的团队中工作感觉如何？

如果您有三个愿望，可以立即增强您现有团队的健康和活力，那会是什么？

当您回顾这次面试经历时，您对自己、您的团队以及您所在的组织了解到的最重要的一点是什么？

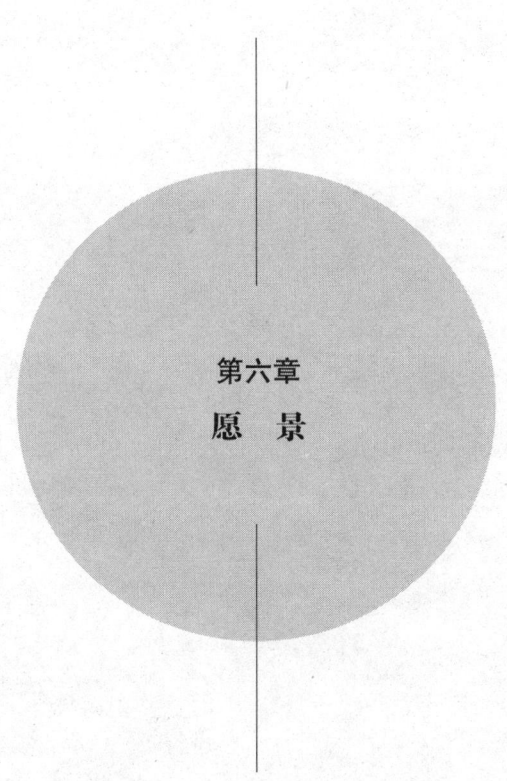

第六章

愿　景

想象一下,如果每个人,无论老少,都能贡献自己的专长,那将会是一个多么和谐的世界。

——美国天王音乐制作人,昆西·琼斯

(Quincy Jones)

第六章 愿 景

　　这本书是对行动的号召。这是一个大胆的邀请，邀请你通过正向提问的力量来改变你的团队。阅读它确实可以触发新的观点，但它的潜力只能通过使用来实现。用正向提问培养你的团队可以对团队生活的各个方面产生积极的影响。它可以强化团队的身份、角色、关系和领导力，也可以强化决策、沟通和认可的过程。

　　这本书中提到的 48 个提问让你有机会了解你团队的其他成员，让你有机会谈论那些对你团队的幸福和成功最重要的事情，让你有机会探索你团队的正向核心。当一个团队意识到其正向核心是什么时，它就能更好地开发和应用原有的才能，更好地利用得到的资源。它更有能力调整优势，使劣势变得无关紧要。合作探究、对话和欣赏的探索培养了团队的优势。它能提升人们的精神和能量，并刺激团队成功。

根据你团队独特的需求、梦想和发展状态改编本书。每个团队以独特的方式形成和发展，因此，不同的团队将从本书的不同问题中受益。例如，在团队生命的早期，人们需要相互了解。他们需要清楚并同意他们的目的以及他们加入团队的原因。他们需要发现每个成员带来的优势和资源。然而，随着团队的发展，人们需要更加关注角色分工的清晰性、沟通和决策过程。他们需要通过了解和重视人们独特的观点、方法、风格和想法来认识和优化差异。当然，当他们开始取得伟大的成绩时，是奖励、认可和庆祝让团队的精神和能量保持在高水平。无论你的团队处于什么独特的发展阶段或面临什么挑战，本书中都有一些问题可以帮助你通过与新人见面、团队会议，或有意识的、经过深思熟虑的团队开发过程来让团队前进。

这本书为团队发展提出了一个积极的方法，而这个方法是基于欣赏式探询的原则和实践的。因此，我们从一个看似简单的前提开始：通过发现和扩展已经有效的内容来开发你的团队。对许多人来说，这种积极的"偏见"是看待团队的一种新方式。我们甚至可以说，它为正在

第六章 愿 景

进行的行程得到高绩效提供了新的视角。

这本书提问题时所持有的的积极倾向代表了世界观的明显转变——从重视缺陷到重视优势,从拘泥于问题到思考各种可能性,从批评到欣赏,从羞耻和恐惧到骄傲和同情。在我们共同工作和生活的这种根本性转变所带来的回报的推动下,一场积极的革命正蓄势待发。要了解更多信息,请参考我们的结束语部分。在那里,你会发现,从网站到工作室,从企业家到演讲者——所有与团队变革和发展的积极方法相关的一切,他们都将帮助你学习如何在你的组织中应用正向提问的方式。

我们相信这本书将帮助你发挥你的团队最好的一面。我们希望它至少将促进你和你的同事之间的对话,而这是你们最关心的,并相信这是让你的团队持续成功的核心事情。花时间用有结构的形式公开地交谈,并确保每个人都有机会发言并被倾听,将建立团队的认同感和凝聚力。人们越多地谈论他们的内心和想法,就越想成为倾听团队、组织或社区的一员。你可以通过关注是什么给了团队成员生命和活力来保持积极的对话,这样,你将在团队中创造一种安全感和忠诚度。不管是作为集体还是作为个人，人们越频繁地被要求谈论自己的长处，就越会利用这些长处，并优化它们为整体做出贡献。

最近，我们在一个以正向探询为基础的团队建设过程中要求参与者描述他们的经历。他们的描述是很热情奔放的：

- 我们完成了如此多的工作，没有人受到指责、批评或被告知该做什么。
- 这惊人地有趣，也非常有效。
- 我们需要更经常地这么做。一旦我们改掉了关注漏洞的习惯，就很容易把注意力集中在积极的方面。现在我们有了新的习惯，这将真正让我们一起成功。

我们期待当你使用我们提供的有关自我管理的队伍发展的资源时，你和你的团队成员也会有相似的体验。我们相信，这本书将不断提高你的能力，使你的团队发挥出最好的一面，我们也相信它能帮助人们展望未来的积极可能性。我们希望你在每次使用本书中的问题时，

第六章 愿 景

它们会慢慢成为你自己的——直到有一天你会用正向提问来解决每一件事。当这种情况发生时，你和你的同事会更充分地享受你们的工作和生活。你们拉近与对方和高绩效的距离。当你用欣赏的眼光去看人、关系和团队时，你会发现他们都是在茁壮成长的。

附 录

附录一　关于欣赏式探询

欣赏式探询是以强项为基础的共创方式，从个人和集体的强项和成功经验开始，建立人与人之间的关系和信任，激发创新精神，并共同建构独有的愿景、目标和合作模式。

欣赏式探询是一种正向创变的哲学和方法学。它建立在一个简单的假设上：人类系统（human systems）——不论是小区、组织、团队还是当中的个体，都会沿着它们所习惯研究的、聚焦的以及讨论的方向发展。

欣赏式探询的本质，是研究当人类系统处于最佳状态时，是什么"赋予了生命"（gives life），为系统带来能量和活力，造就最佳状态的发生。欣赏式探询并非假设任何个人或组织总是处于最佳状态，而是当焦点、学习和对话都集中在强项、成功模式和最佳状态时，会更容易让学习和改变发生。

基于这个原因，欣赏式探询的过程涉及由探询

（inquiry）①所引发的大规模对话（dialogue）②，让人讨论他们个人和集体的强项、对未来的希望和梦想以及合作行动的机会和计划。

---

① 欣赏式探询的探询（inquiry），意指"探索和发现的行为"。探询的精神便是学习的精神——意味着拥抱未知、好奇，并愿意在学习的状态中寻求新的可能性，对改变抱持着开放的态度。

而探询的动词（inquire），包括三种意涵：提问，研究，进行搜寻、探索、钻研、调查。而本书中所包括的提问，正是为达此目的。

资料来源：Whitney, D. and Trosten-Bloom, *The Power of Appreciative Inquiry : A Practical Guide to Positive Change*（2nd Edition）, San Francisco : Berrett Koehler Publishers, 2010.

② 欣赏式探询结构中的一个支柱是社会建构主义（Social Constructionism），社会建构主义由美国社会学家彼得·伯格（Peter Berger）和托马斯·卢克曼（Thomas Luckmann）于1966年发表；近年由陶斯研究院发扬光大，主张人类沟通（human communication）是创建、维护和改造现实（realities）的过程。当中"对话"所扮演的角色更为重要；而字典里"对话"（dialogue）的定义为"两人或两人以上之间的交谈"（a conversation between two or more people），但现代相关的实践者和学者均超越普通的交谈层面，转为集中对话对人际关系、意念创新和传递、群体以至社会的影响。而本书由提问引发的对话，目的在于引导团队共创他们专属的"现实"。

资料来源：Peter L. Berger, Thomas Luckmann, *The Social Construction of Reality : A Treatise in the Sociology of Knowledge*, Garden City, NY : Anchor Books, 1966.

G.Gergen, K. Gergen, M. and Barrett, F. J. *Dialogue : Life and Death of the Organization*. In Grant, D., Hardy, C., Oswick, C. and Putnam, L.（Eds.）, The Sage handbook of organizational discourse.2004, pp.39–59.

网络资料来源：陶斯研究院（The Taos Institute）, www.taosinstitute.net.

附录二 关于作者

黛安娜·惠特尼博士
Diana Whitney, Ph.D.

她是一位社会创新设计和引导的先驱者,正向创变企业(Corporation for Positive Change, CPC)的创办人、陶斯研究院(The Taos Institute)的共同创办人、世界商业学院(World Business Academy)的院士、联合宗教行动组织(United Religions Initiative, URI)的创办顾问。黛安娜富有影响力的演说为听众带来希望和正向改变;她宣扬的欣赏式领导力(Appreciative Leadership)为崭新的组织、工作与生活方式提供实用的指引。身为世界知名的资深顾问,拥有三十多年丰富经验,工作遍及全球;她与高阶管理人员和他们的团队合作,支持组织变革、策略创新和建立领导能力。其客户包括:英国航空(British Airways)、弗莱森(Verizon)、琼森(Johnson & Johnson)、葛兰素史克药厂(Glaxo Smith Kline)、默克药厂(Merck SA)、亨特窗饰(Hunter Douglas)、弗吉尼亚大学健康组织（University of Virginia Health System）、爱达荷州教育部（Idaho Department of Education）、善牧会（The Sisters of Good Shepherd）等。

除了本书以外，她还著有《欣赏式探询的威力》（The power of Appreciative Inquiry）、《欣赏式领导力》（Appreciative Leadership）、《欣赏式探询》（Appreciative Inquiry）和《灵性共鸣》（Spiritual Resonance）等作品，以及其他二十余本著作和多篇文章、书籍章节；她的作品在全球已授权翻译成多国语言译本，被选为世界各地的企业学习中心、大学、商业学校的教科书。现居住在美国北卡罗来纳州教堂山（Chapel Hill, North Carolina）；电子邮箱：diana@positivechange.org。

阿曼达·赛思顿－布伦
Amanda Trosten-Bloom

她是正向创变企业（Corporation for Positive Change，CPC）的首席顾问与洛基山正向创变中心（Rocky Mountain Center For Positive Change）的创办人。她是一位国际知名的欣赏式探询的正向创变领域的资深顾问、培训师和作家，并拥有超过三十五年的设计和引导高投入度、强项为本的变革项目经验;其主题涵盖策略规划、文化转型和组织优化。阿曼达曾与不同商业、非营利性机构和政府机构合作,其客户包括:惠普(Hewlett-Packard)、美国IHS市调公司、美国大学测验中心(ACT)、亨特窗饰(Hunter Douglas)、美国国家安全局(National Security Administration)、高达德太空飞行中心(Goddard Space Flight Center)、丹佛基金(The Denver Foundation)、美国科罗拉多州波德市、丹佛市、朗蒙特市、波德县(Boulder, Denver, Longmont, Boulder County, Colorado)。现居住在美国科罗拉多州丹佛市(Denver, Colorado);电子邮箱:amanda@positivechange.org;网址:www.rockymountainpositivechange.org。

杰伊·切尼博士
Jay Cherney, Ph.D.

他拥有三十多年临床心理学、引导、演讲和调解经验。为各类企业客户举办为期一天的"导航困难的对话"(Navigating Difficult Conversations)工作坊,也提供关于冲突管理、合作、建立团队和复原力的主题演讲。杰伊于2007年参与创立"智富360"（Wealth360），为高净值的企业家组成同行学习小组，通过集体智慧和开放对话的力量，针对富裕家族所面对的挑战，引发了能改变生命的新观点。他也与其他顾问和高净值客户合作，运用"金钱故事咨询"（Money Story Consult）服务，为客户明确核心价值观，以做出更佳的财务决策，其客户包括：琼森（Johnson & Johnson）、阿斯利康药厂（Astra Zeneca）、诺和诺德药厂（Novo Nordisk）、美国食品药物管理局（Food and Drug Administration）等。他是美国哈尼曼大学（Hahnemann University）临床心理学硕士、美国坦普尔大学（Temple University）心理咨询学博士；曾任职美国邮政署（United States Postal Service）的调解员。

罗恩·弗莱博士
Ron Fry, Ph.D.

他现为美国凯斯西储大学（Case Western Reserve University）组织行为学教授，也领导"福勒商界为世界谋福中心"（The Fowler Center for Business as an Agent of World

Benefit）的全球迈向丰盛（AIM2Flourish）探询项目。他撰写、编辑有十本著作和超过四十篇文章，主题聚焦在组织发展、团队发展、CEO的角色和职能、团体动力、可持续的商业操作以及欣赏式探询等大规模变革方法。其客户包括：克利夫兰市（Cleveland）、美国支撑剂公司（Fairmount Santrol）、创世记医疗保健系统（Genesis Health Care System）、中俄亥俄州食物银行（Mid-Ohio Foodbank）、苏格兰工商委员会（Scottish Enterprises）、比利时人才发展学习网络（Belgian Learning Network for Talent Development）、洛杉矶消防局（Los Angeles Fire Department）、美国金融研究办公室（U. S. Office of Finance and Research）、克利夫兰诊所基金会（The Cleveland Clinic Foundation）。现居住在美国俄亥俄州克里夫兰市（Cleveland，Ohio）；电子邮箱：rxf5@case.edu。

附录三 关于正向创变

关于正向创变企业
Corporation for Positive Change, CPC

正向创变企业（Corporation for Positive Change, CPC）是黛安娜·惠特尼博士于20世纪90年代创立的。它是一个汇聚全球顶尖欣赏式探询顾问的合作网络，致力于推动跨地域、小区、组织、团队和个人层面的正向创变。在世界各地（如美国、加拿大、欧洲、南美、中东、韩国、中国等）均设有国际中心。

正向创变企业的顾问精通设计和引导高参与度的创变流程，协助客户发挥强项，达成目标和创建共同的理想未来。借由全球的合作网络来提供咨询、引导、演讲、项目研究、教练、工作坊和培训服务。

关于正向创变中心 - 亚洲中心
Greater China Center for Positive Change-Asia, cpc-Asia

它由徐佩贤于2017年创立，是正向创变企业的亚洲总部。

CPC —亚洲中心贯彻实践正向创变企业的使命，培育和联合亚洲地区卓越的顾问伙伴，在不同领域实践"欣赏式探询"的精神和技术，推动正向创变。

徐佩贤
Dorothy Tsui CPLP®

拥有多年商界管理经验，曾与香港及世界知名品牌合作，负责强化利润、顾客服务、营运效率、质量监控、市场营销、人才培训与发展等管理和经营范畴。她曾为多个商会、各类产业组织及大学院校举办多元化的商业管理和个人发展培训课程。现以中国与东南亚地区为主要服务区域。

早年师承全球知名欣赏式探询大师黛安娜·惠特尼博士与阿曼达·赛思顿—布伦；致力于区内教授和推广"欣赏式探询"的运用，协助不同组织设计和实行共创变革项目，推行正向的持续变革。

香港理工大学酒店及旅游管理学硕士，美国佛罗里达国际大学管理学学士。

现任正向创变企业领导团队成员与亚洲区代表；创

立正向创变企业的中国内地和香港中心；欣赏式探询全球英文、中文认证课程的资深导师，国际行动学习协会（WIAL）高级行动学习认证教练和其香港分会创办人；香港首位美国人才发展协会（ATD）学习和绩效专业认证资格获得者CPLP®）；美国陶斯研究院院士。

专长

组织发展、组织学习、领导和人才发展、共创项目咨商、设计和引导、欣赏式探询顾问和执行师培训。

志向

通过发扬个体自身长处，为个体、关系链、机构和社会团体的发展而奋斗。

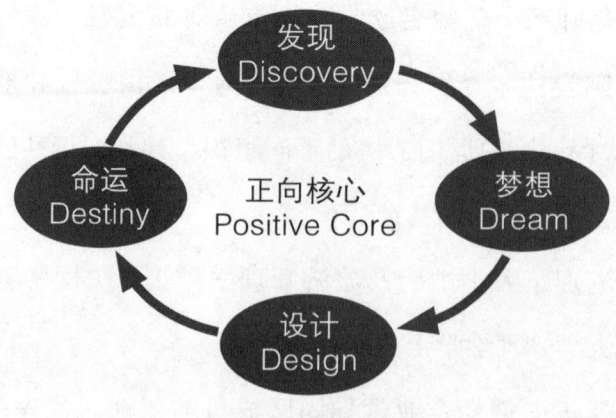

欣赏式探询 4D 模型
Appreciative Inquiry 4D Process

附录

"建立欣赏式探询团队"工作坊

课程特色

- 适合引导者、教练、顾问、培训导师、团队领导与管理人参加,即学即用。
- 通过两天的亲身体验,领悟建立欣赏式团队十步曲的威力。
- 配以欣赏式探询的操作理念和原则,将欣赏式团队建立的效果发挥到极致。
- 由正向创变亚洲中心资深讲师和助教任教,辅以中文教材和本地案例,让你更易掌握个中窍门。
- 培训者培训(Train-the-Trainer)课程。

欣赏式探询操作者与顾问认证课程
Certification for Appreciative Inquiry Practitioners and ConsultantsCAIPC

课程特色

- 让你全面掌握欣赏式探询的项目设计和实行技巧。
- 课程包括核心科和多个选修科,加上由世界各地知名的资深正向创变企业(Corporation for

Positive Change）导师担任一对一辅导，助你在你的专业范畴中实践欣赏式探询。

- 与全球的课程参加者交流，并可选择到全球正向创变中心修读课程，汲取欣赏式探询不同的实践和应用方法。

附录四 参考书目

① Whitney, D. and Trosten-Bloom. A. *The Power of Appreciative Inquiry:A Practical Guide to Positive Change* (2nd Edition).San Francisco : Berrett Koehler.2010.

② Bion, W. R. *Experiences In Groups*. New York : Ballantine Books, 1961.

③ Smith, K. and Berg, D. *Paradoxes Of Group Life*. San Francisco : Jossey-Bass.1987.

④ Losade, M. and Heaphy, E. "*The Role of Positivity and Connectivity in Performance of Business Teams ; A Nonlinear Dynamic Model.*"in American Behavioral Scientist, Vol.47.No.6, 2004, pp.740-765.

⑤ Fredrickson, B.L. "*What Good Are Positive Emotions?*" in Review of General Psychology.Vol.2, No.3, 1998, pp.300-319.

⑥ R. Rubin. I. and Plovnick, M., 1981. "*Dynamics of Groups that Execute or Manage Policy*"in Payne, R.

& Cooper, C. (Eds.), Groups at Work. New York: John Wiley & Sons, 1981.

⑦ Katzenbach, J. R. and Smith, D. K. *The Wisdom of Teams*. New York: Harper Collins, 1993.

⑧ Bushe. G.R. *"Meaning Making in Teams; Appreciative Inquiry with Preidentity and Postidentity Teams"* in Fry, R., Barrett, F, Seiling, J. & Whitney D. (Eds.) Appreciative Inquiry and Organizational Transformation: Reports from the Field. Westport: Quorum, 2002.

⑨ Bushe, G. R. and Coetzer. G. *"Appreciative Inquiry as a Team Development Intervention"* in Journal of Applied Behavioral Science, Vol.31, No.1, 1995, pp.19-30.

⑩如需要更多进行欣赏式访谈的提示，请参阅：Whitney, D. and Trosten-Bloom, A. *The Power of Appreciative Inquiry*, pp.162-164。

⑪出处同上，pp.143.

⑫出处同上，Chapter1-4.

附录五　欣赏式探询相关著作

The Power of Appreciative Inquiry:A Practical Guide to Positive Change（2nd Edition），written by Diana Whitney and Amanda Trosten-Bloom, Berrett Koehler Publishers，2010.

Appreciative Leadership:Focus on What Works to Drive Winning Performance and Build a Thriving Organization，written by Diana Whitney and Amanda Trosten-Bloom and Kae Rader，McGraw-Hill Education，2010.

Encyclopedia of Positive Questions:Using Appreciative Inquiry to Bring Out the Best of Your Organization（2nd Edition），written by Diana Whitney and David Cooperrider，Lakeshore Communications，2014.

The Appreciative Organization，written by Harlene And ersonand David Cooperride and Kenneth Gergen，The

Taos Institute Publications, 2008.

Appreciative Team Building:Positive Questions to Bring Out the Best of Your Team, written by Diana Whitney and Amanda and Trosten- Bloom and Jay Cherney and Ron Fry, iUniverse. Inc, 2004.

The Appreciative Inquiry Summit:A Practitioner's Guide for Leading Large-Group Change, written by James D Ludema and Bernard J Mohr and Diana Whitney and Thomas J Griffin, Berrett Koehler Publishers, 2003.

Positive Approaches to Peacebuilding, written by Cynthia Sampson and Mohammed Abu-Nimer and Claudia Liebler, PACT Publications, 2003.

Appreciative Inquiry:A Positive Revolution in Change, written by David Cooperrider and Diana Whitney, Berrett-Koehler Publishers, 2005.

The Appreciative Inquiry Handbook:For Leaders of Change (2nd Edition), written by David Cooperrider and Diana Whitney and Jacqueline M Stavros and Ronald Fry, Berrett Koehler Publishers, 2008.

Appreciative Inquiry:Foundations in Positive Organization Development, written by David L. Cooperrider and Peter F. Jr. Sorensen and Therese F. Yaeger and Diana Whitney, Stipes Pub Llc.2005.

Appreciative Inquiry:An Emerging Direction for Organization Development, written by David L.Cooperrider and Peter F., Jr. Sorensen and Therese F. Yaeger and Diana Whitney, Stipes Pub Llc, 2001.

Appreciative Inquiry and Organizational Transformation: Reports from the Field, Ronald E. Fry and Diana Whitney and Jane G.Seiling and Frank Barrett, Praeger, 2001.